地铁隧道运营期
变形机理与病害治理

王 涛 著

中国建筑工业出版社

图书在版编目（CIP）数据

地铁隧道运营期变形机理与病害治理 / 王涛著. —北京：中国建筑工业出版社，2023.8
ISBN 978-7-112-28976-9

Ⅰ.①地… Ⅱ.①王… Ⅲ.①地铁隧道—隧道施工—地层—变形—研究 Ⅳ.①U231.3

中国国家版本馆 CIP 数据核字（2023）第 142457 号

地铁隧道运营期变形与病害直接影响地铁结构安全和列车运行安全，是百年地铁工程面临的主要工程安全问题，需要全面系统地研究地铁隧道运营期长期变形影响因素及变形机理，从理论和实践上为地铁隧道的结构安全保护及病害治理工作提供技术依据。本书以漫滩地层为工程地质背景，围绕地铁隧道运营期变形影响因素、影响机理和规律、变形计算方法、病害分级及治理等问题，采用统计分析方法研究了地铁隧道的变形特征及其影响因素；通过室内动三轴试验分析了振动荷载下淤泥质土层和粉细砂层的动力学特性；采用理论解析和数值模拟相结合的方法，对列车振动荷载、基坑卸载、群井降承压水等因素引起的隧道变形机理进行了系统研究；以理论计算结合各类规范调研为手段提出了地铁隧道的安全控制标准和病害分级标准，并提出了外控内治、动态平衡的病害治理原则，以及分级分层次的病害治理措施。

本书适合从事地铁隧道设计、监测、施工、养护等专业的科研与工程技术人员阅读和参考，也可供高等院校相关专业的教师和学生阅读。

责任编辑：杨　允　刘颖超
责任校对：姜小莲

地铁隧道运营期变形机理与病害治理
王　涛　著
*
中国建筑工业出版社出版、发行（北京海淀三里河路 9 号）
各地新华书店、建筑书店经销
国排高科（北京）信息技术有限公司制版
临西县阅读时光印刷有限公司印刷
*

开本：787 毫米×1092 毫米　1/16　印张：11½　字数：284 千字
2023 年 9 月第一版　2023 年 9 月第一次印刷
定价：**99.00** 元
<u>ISBN 978-7-112-28976-9</u>
（41240）

版权所有　翻印必究
如有内容及印装质量问题，请联系本社读者服务中心退换
电话：（010）58337283　QQ：2885381756
（地址：北京海淀三里河路 9 号中国建筑工业出版社 604 室　邮政编码：100037）

PREFACE 序

地铁是城市公共交通系统的骨干,是城市的生命线工程,其安全运营对保障社会经济发展、人民群众生命财产安全具有重要意义。随着城市化进程的加快,地铁运营线路和里程数不断攀升,一些工程地质条件比较复杂、原本不适宜工程建设的地区,也必须要通过建造技术的创新,克服各种不良地质因素的影响,修建地铁等交通设施,以满足城市发展对地下交通网的需求。因此,确保工程地质条件较差地区的地铁施工和运营安全,是摆在交通工程、岩土工程和地质工程科技工作者面前的重大课题。

变形是地铁发生灾变的外在表现,国内部分地铁线路由于变形过大,导致地铁隧道渗漏、管涌、坍塌等灾害现象时有发生,严重威胁着地铁的安全运营和城市的正常运转。因此,对于不良地质条件的地铁隧道变形机理与病害治理研究是国家重大需求,具有重要的现实意义。

城市多数傍水而筑,部分临海而建。河口三角洲一般也是城市化高度发达的地区,如我国的长三角和珠三角地区,人口稠密,经济发达,城市交通四通八达,地铁网星罗棋布,同时,这些地区常常也是工程地质条件比较差的地区。海相、河相、潟湖相等地层分布错综复杂,软土深厚,力学性质差,不经技术处理,一般无法满足工程建设的要求。因此,在这些地区建造地铁,控制隧道变形,满足地铁安全运行要求,需要坚实的理论指导和丰富的实践经验。

王涛是一位非常优秀的交通工程科技工作者,也是我培养的一位非常优秀的博士。他在南京大学攻读博士学位期间,学习十分勤奋,将工程地质与地铁隧道工程建设密切结合，选择"地铁隧道变形机理与病害治理"这一富有挑战性的课题作为他的博士论文研究方向，取得了丰硕的研究成果。本书即是在此基础上修改成稿的。作者以运营期的地铁隧道为研究对象，以漫滩二元结构地层为工程地质背景，围绕三个科学与技术核心问题开展了研究，包括隧道长期变形机理、多因素作用下隧道变形计算方法和隧道病害分级及治理技术。

  本书立足于服务工程应用的需求，系统研究了漫滩二元地层岩土特性、列车运营振动、基坑卸载和降水等因素对地铁隧道长期变形的影响和计算方法，介绍了隧道安全状态和病害分级及治理技术等。书中关于隧道变形的计算方法便捷而合理，机理分析系统而深入，是对漫滩地层中地铁隧道运营期变形机理、预测计算方法和病害治理技术的一次理论与实践相结合的重要探索，具有很高的技术含量和应用价值，对地铁隧道运营期的结构安全维护工作具有很好的指导意义。

  特此推荐，是为序。

南京大学教授 施斌
2023 年 3 月 7 日于南京

FOREWORD 前 言

我国地铁的建设和运营里程均居世界第一,地铁的发展已经从以建设为主向建养并重的阶段转变。在地铁运营维护工作中,涉及土木工程专业最重要的问题就是结构受力状态的变化,以及由此产生的长期变形和相关病害。地铁隧道长期变形及病害直接影响地铁结构安全和列车运行安全,是百年地铁工程面临的主要工程安全问题。

国内大部分软土地层中的地铁隧道,在运营期均出现了一定程度的不均匀沉降和收敛变形。例如上海地铁 1、2 号线隧道最大沉降分别达到了 30cm 和 16cm;南京河西漫滩地区明挖段隧道最大沉降超过 20cm,盾构段隧道最大沉降超过 15cm;杭州、宁波等城市的地铁隧道最大沉降也超过了 10cm,这些数值已远超变形安全控制标准限值,达到设计允许值的几倍。如此大的变形也导致了地铁隧道发生了一系列的病害,例如管片裂损、渗漏水、接缝张开量过大、管片错台和道床脱空、轨道变形等,严重影响地铁结构自身的安全性、耐久性,同时也直接影响轨道的平顺度、乘坐的舒适度及地铁的运营安全。因此,为确保地铁隧道百年使用寿命及其安全,需要全面系统地研究地铁隧道运营期长期变形影响因素及变形机理,并提出相关安全保护措施,从理论和实践上给地铁隧道的结构安全保护及病害治理工作提供依据。

目前针对地铁隧道运营期变形的系统研究较少,且研究内容大都只针对某一或少数几项影响因素进行分析,但不同地质条件和周边环境下各因素的影响程度和规律会有较大差异。本书以漫滩二元结构地层为工程地质背景，围绕地铁隧道运营期变形影响因素、影响机理和规律、变形计算方法、病害分级及治理等问题，采用统计分析方法研究了漫滩地层中隧道的变形特征及其影响因素；通过室内动三轴试验分析了振动荷载下淤泥质土层和粉细砂层的动力学特性；采用理论解析和数值模拟相结合的方法，对列车振动荷载、基坑卸载、群井降承压水等因素引起的隧道变形机理进行了系统研究；以理论计算结合各类规范调研为手段提出了地铁隧道的安全控制标准和病害分级标准，并提出了外控内治、动态平衡的病害治理原则，以及分级分层次的病害治理措施。

  本书的研究成果是本人在南京大学施斌教授的悉心指导下完成的。在本书编写过程中，得到了华设设计集团股份有限公司、东南大学、南京地铁集团有限公司等单位的关心和支持，并得到来自李浩、邓永锋、沈晓伟、高永、汪乐、赵俊、朱义欢、魏棒、周亚等同志的帮助，还得到了许多其他同志的宝贵建议和指导，在此一并表示感谢。

  地铁隧道运营期的变形机理及病害治理因地区差异，很难在行业内形成完全统一的共识，希望本书的出版能够为类似工作提供一定的借鉴和参考价值。鉴于本人水平有限，书中仍有许多不足之处，恳请读者与专家同仁不吝赐教，提出批评和建议。

王 涛
2023 年 3 月 1 日

CONTENTS 目　录

第1章　绪论 ……………………………………………………………………………………001

    1.1　地铁隧道变形及病害的研究意义 …………………………………………………003

        1.1.1　地铁隧道运营期变形及病害概述 …………………………………………003

        1.1.2　地铁隧道运营期变形的影响因素 …………………………………………006

    1.2　地铁隧道运营期变形机理研究现状 ………………………………………………007

        1.2.1　工程地质对隧道变形的影响 ………………………………………………007

        1.2.2　区域地面沉降引起的隧道变形 ……………………………………………008

        1.2.3　列车运营振动引起的隧道变形 ……………………………………………009

        1.2.4　周边工程活动引起的隧道变形 ……………………………………………012

        1.2.5　结构渗漏水引起的隧道变形 ………………………………………………016

    1.3　地铁隧道运营期病害治理研究现状 ………………………………………………017

    1.4　漫滩地层的工程地质特性研究现状 ………………………………………………018

第2章　漫滩地层中地铁隧道变形特征及影响因素分析 ……………………………021

    2.1　工程地质与隧道变形的关联特征分析 ……………………………………………023

        2.1.1　南京地铁沿线工程地质概述 ………………………………………………023

        2.1.2　隧道运营期变形的特征分析 ………………………………………………025

    2.2　南京漫滩地层的工程地质特性分析 ………………………………………………027

  2.2.1 漫滩地层成因及分布⋯⋯⋯⋯⋯⋯⋯⋯⋯⋯⋯⋯⋯⋯⋯⋯⋯⋯027

  2.2.2 漫滩地层工程地质特性及其工程影响⋯⋯⋯⋯⋯⋯⋯⋯⋯⋯028

2.3 漫滩地层中地铁隧道变形影响因素分析⋯⋯⋯⋯⋯⋯⋯⋯⋯⋯⋯⋯030

  2.3.1 南京地铁漫滩地层区段变形分析⋯⋯⋯⋯⋯⋯⋯⋯⋯⋯⋯⋯⋯030

  2.3.2 各因素对隧道变形影响的初步分析⋯⋯⋯⋯⋯⋯⋯⋯⋯⋯⋯032

2.4 本章小结⋯⋯⋯⋯⋯⋯⋯⋯⋯⋯⋯⋯⋯⋯⋯⋯⋯⋯⋯⋯⋯⋯⋯⋯⋯⋯036

第3章 漫滩二元地层土体动力特性室内试验⋯⋯⋯⋯⋯⋯⋯⋯⋯⋯⋯037

3.1 室内动三轴试验方案⋯⋯⋯⋯⋯⋯⋯⋯⋯⋯⋯⋯⋯⋯⋯⋯⋯⋯⋯⋯039

3.2 土体动三轴试验结果分析⋯⋯⋯⋯⋯⋯⋯⋯⋯⋯⋯⋯⋯⋯⋯⋯⋯⋯040

  3.2.1 振动荷载下淤泥质土的动力特性⋯⋯⋯⋯⋯⋯⋯⋯⋯⋯⋯⋯041

  3.2.2 振动荷载下粉细砂的动力特性⋯⋯⋯⋯⋯⋯⋯⋯⋯⋯⋯⋯⋯043

  3.2.3 土体阻尼比特性分析⋯⋯⋯⋯⋯⋯⋯⋯⋯⋯⋯⋯⋯⋯⋯⋯⋯047

3.3 振动荷载下土体累积变形经验公式及参数拟合⋯⋯⋯⋯⋯⋯⋯⋯⋯051

  3.3.1 累积塑性应变计算经验公式⋯⋯⋯⋯⋯⋯⋯⋯⋯⋯⋯⋯⋯⋯051

  3.3.2 累积孔隙水压力计算经验公式⋯⋯⋯⋯⋯⋯⋯⋯⋯⋯⋯⋯⋯052

  3.3.3 经验公式参数拟合⋯⋯⋯⋯⋯⋯⋯⋯⋯⋯⋯⋯⋯⋯⋯⋯⋯⋯052

3.4 本章小结⋯⋯⋯⋯⋯⋯⋯⋯⋯⋯⋯⋯⋯⋯⋯⋯⋯⋯⋯⋯⋯⋯⋯⋯⋯⋯056

第4章 地铁振动荷载下漫滩地层的动力响应及变形计算⋯⋯⋯⋯⋯⋯059

4.1 地铁列车振动荷载计算及三维仿真模型⋯⋯⋯⋯⋯⋯⋯⋯⋯⋯⋯⋯061

  4.1.1 地铁列车振动荷载模拟⋯⋯⋯⋯⋯⋯⋯⋯⋯⋯⋯⋯⋯⋯⋯⋯061

  4.1.2 地铁列车振动荷载计算⋯⋯⋯⋯⋯⋯⋯⋯⋯⋯⋯⋯⋯⋯⋯⋯062

  4.1.3 工程案例及仿真模型⋯⋯⋯⋯⋯⋯⋯⋯⋯⋯⋯⋯⋯⋯⋯⋯⋯063

4.2 漫滩地层的土体动力响应分析⋯⋯⋯⋯⋯⋯⋯⋯⋯⋯⋯⋯⋯⋯⋯⋯064

  4.2.1 淤泥质土层动力响应分析⋯⋯⋯⋯⋯⋯⋯⋯⋯⋯⋯⋯⋯⋯⋯065

  4.2.2 粉细砂土层动力响应分析⋯⋯⋯⋯⋯⋯⋯⋯⋯⋯⋯⋯⋯⋯⋯068

4.3 振动荷载下漫滩地层长期变形及隧道沉降分析⋯⋯⋯⋯⋯⋯⋯⋯⋯070

- 4.3.1 累积塑性应变引起的土体长期变形计算 ·········· 071
- 4.3.2 累积孔隙水压力消散引起的土体固结沉降计算 ·········· 071
- 4.3.3 隧底土体长期变形及隧道沉降计算 ·········· 072

4.4 振动荷载下隧道长期沉降的参数敏感性分析 ·········· 074
- 4.4.1 下部土层性质对隧道长期沉降的影响分析 ·········· 074
- 4.4.2 不同车型对隧道长期沉降的影响分析 ·········· 078

4.5 简化的2.5维数值计算方法及案例分析 ·········· 080
- 4.5.1 工程案例 ·········· 080
- 4.5.2 简化的2.5维数值计算模型 ·········· 081
- 4.5.3 土体动力响应分析 ·········· 083
- 4.5.4 隧道地基土体长期沉降计算 ·········· 086

4.6 本章小结 ·········· 087

第5章 基坑卸载引起的地铁隧道变形计算 ·········· 089

5.1 基坑卸载引起侧向隧道的附加荷载计算 ·········· 091
- 5.1.1 基坑侧壁卸载的等效荷载计算 ·········· 092
- 5.1.2 基坑侧壁卸载产生的附加应力计算 ·········· 094

5.2 基坑卸载引起侧向隧道附加荷载的参数敏感性分析 ·········· 099
- 5.2.1 工程算例 ·········· 099
- 5.2.2 基坑几何参数对侧向隧道附加荷载的影响分析 ·········· 100

5.3 基坑卸载引起的侧向隧道变形计算 ·········· 107
- 5.3.1 各参数对侧向隧道附加荷载的敏感性分析总结 ·········· 107
- 5.3.2 计算方法 ·········· 108
- 5.3.3 基坑几何参数对侧向隧道变形的影响分析 ·········· 109
- 5.3.4 土体基床系数对侧向隧道变形的影响分析 ·········· 110

5.4 基坑卸载引起下方隧道的附加荷载计算 ·········· 110
- 5.4.1 基坑坑底卸载的等效荷载计算 ·········· 111
- 5.4.2 基坑坑底卸载产生的附加应力计算 ·········· 112

5.5 基坑卸载引起下方隧道附加荷载的参数敏感性分析 ……………… 112
    5.5.1 工程算例 ………………………………………………………… 112
    5.5.2 基坑几何参数对下方隧道附加荷载的影响分析 ………………… 113
    5.5.3 各参数对下方隧道附加荷载的敏感性分析总结 ………………… 116

5.6 基坑卸载引起的下方隧道变形计算分析 ………………………………… 117
    5.6.1 计算方法 ………………………………………………………… 117
    5.6.2 基坑几何参数对下方隧道变形的影响分析 ……………………… 118
    5.6.3 土体基床系数对下方隧道变形的影响分析 ……………………… 119
    5.6.4 分坑开挖对下方隧道变形的影响分析 …………………………… 119

5.7 本章小结 …………………………………………………………………… 120

第6章 漫滩地层中基坑群井降水引起的隧道变形计算 123

6.1 基坑群井降水引起土体附加有效应力的计算 …………………………… 125
    6.1.1 计算方法 ………………………………………………………… 125
    6.1.2 三维计算模型及土体附加应力计算 ……………………………… 127

6.2 基坑群井降水引起的隧道附加荷载的参数敏感性分析 ………………… 129
    6.2.1 基坑几何参数对隧道附加荷载的影响分析 ……………………… 129
    6.2.2 围护结构插入比对隧道附加荷载的影响分析 …………………… 132
    6.2.3 各参数对隧道竖向附加荷载的敏感性分析总结 ………………… 133

6.3 基坑群井降水引起的隧道竖向变形计算分析 …………………………… 134
    6.3.1 计算方法 ………………………………………………………… 134
    6.3.2 基坑几何参数对隧道竖向变形的影响分析 ……………………… 134
    6.3.3 围护结构插入比对隧道竖向变形的影响分析 …………………… 136

6.4 本章小结 …………………………………………………………………… 136

第7章 地铁隧道安全控制标准与病害分级 139

7.1 地铁隧道结构安全控制标准 ……………………………………………… 141
    7.1.1 隧道结构安全控制项目 …………………………………………… 141

		7.1.2 隧道结构安全控制指标	142
	7.2	地铁隧道安全状态及病害分级	144
		7.2.1 隧道结构安全状态分级	144
		7.2.2 隧道结构病害分级	146

第 8 章 地铁隧道病害治理与工程案例　　149

	8.1	地铁隧道病害治理技术	151
		8.1.1 病害治理原则	151
		8.1.2 病害治理措施	152
	8.2	地铁隧道病害治理工程案例	154
		8.2.1 工程案例一	154
		8.2.2 工程案例二	158

参考文献　　163

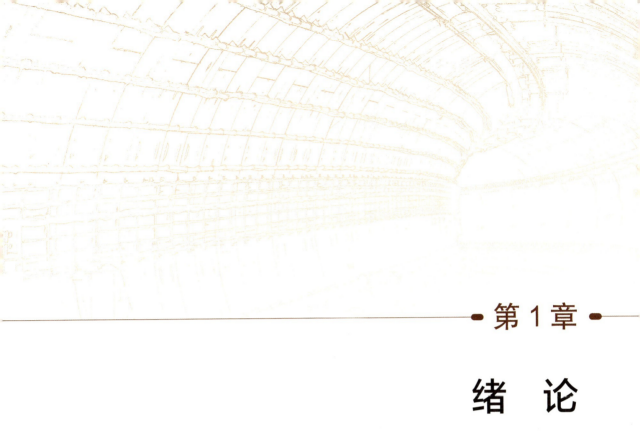

第 1 章

绪 论

第1章 绪 论

1.1 地铁隧道变形及病害的研究意义

1.1.1 地铁隧道运营期变形及病害概述

至 2022 年 12 月,我国累计 52 个城市共运营城市轨道交通里程约 9788.6km,主要城市(以下统计不含港澳台地区)的运营里程见图 1.1-1。其中地铁占比约 78.2%,运营里程约 7655.3km(不含轻轨、单轨、磁悬浮等),运营里程位居世界第一。目前全球约 60 个国家的 205 个城市开通运营了地铁系统,运营里程前十名中,中国城市占据了 9 席,其中上海以约 800km 的地铁运营里程高居世界第一。

在已运营地铁的 40 余座城市中,10 余座滨海(如上海、天津、宁波、温州、福州、厦门、深圳等)和滨江城市(如武汉、南京、杭州、长沙、绍兴、南通等)分布着广泛的软土地层,另有近 10 座滨河滨湖城市局部分布软土层(如广州、苏州、无锡、常州、佛山等)。随着地铁线网规模持续扩大,位于软弱地层中的隧道数量迅速增加,以过大变形为主的病害大量出现。如南京地铁漫滩地区明挖段隧道最大沉降超过 20cm,盾构段隧道最大沉降超过 15cm(含区域地面沉降);上海地铁 1、2 号线隧道最大沉降分别约 30cm 和 16cm(闫静雅等,2018),杭州、宁波、广州等城市的地铁隧道最大沉降也超过了 10cm(杨兵明,2015;朱建峰等,2019;刘健美,2020),这些数值已远超变形控制标准限值,达到设计允许值的几倍。

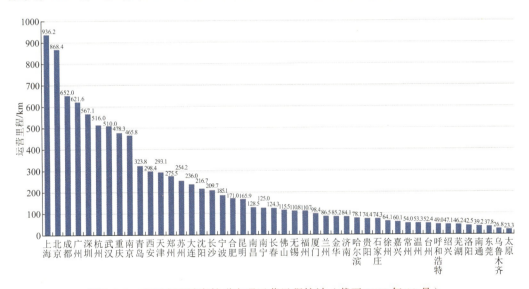

图 1.1-1 中国主要城市轨道交通运营里程统计(截至 2022 年 12 月)

地铁隧道不均匀变形会导致环向收敛、管片破损、渗漏水、接缝张开、管片错台、道床脱空等一系列病害,并间接导致铁轨磨耗、疲劳损伤和轨面变形等(图 1.1-2),既增加了养护维修的成本,又影响了乘车舒适性和行车安全,严重时甚至可能造成列车脱轨,导致人员伤亡和列车停运。例如,2012 年上海地铁 4 号线海伦路站及前后区间隧道因不均匀沉降较大,被迫封站大修;上海地铁 2 号线徐泾东站—淞虹路站区间隧道产生结构性改变,严重影响运营安全,于 2020 年 1 月进行停运整修加固。2011 年南京地铁 2 号线首幕园大街站—下马坊站区间由于暴雨导致隧道隆起，造成局部线路停运并进行隧道修复。2012年南京地铁2号线金马路站—马群站区间由于上方渣土堆载导致隧道管片破损，造成局部线路停运并进行加固补强。2018年南京地铁2号线雨润大街站—元通站区间受邻近金融城超大超深基坑施工影响，变形超限，进行了洞内钢环加固和洞外微扰动注浆加固处理（沈张勇，2018）。

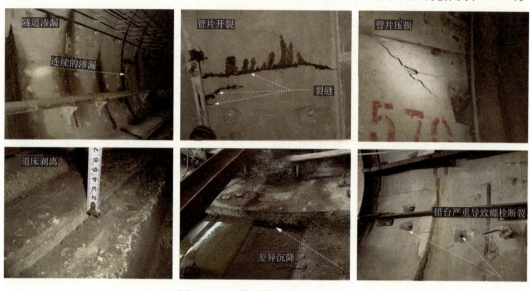

图1.1-2　地铁盾构隧道病害实景

根据公开发表的文献，统计了上海、南京等地近年来地铁运营长期沉降监测数据，如图1.1-3和图1.1-4所示。

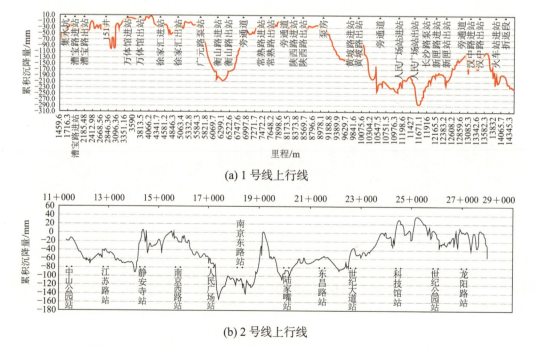

(a) 1号线上行线

(b) 2号线上行线

图1.1-3　上海地铁部分运营线路累计沉降曲线图（闫静雅等，2018）

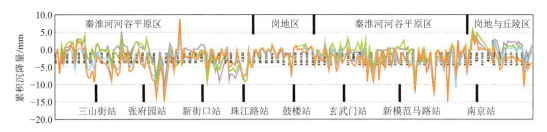

(a) 1号线三山街站—南京站区段右线

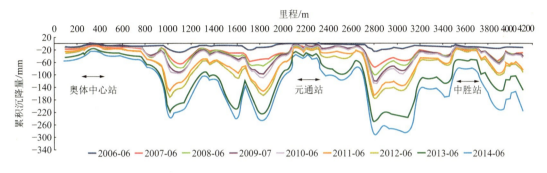

(b) 10号线（原1号线西延线）右线（漫滩地层）

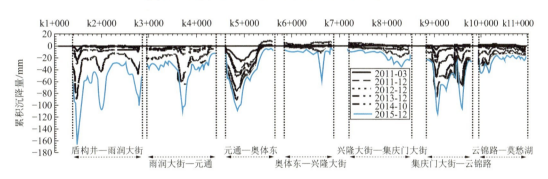

(c) 2号线油坊桥站—汉中门站区段右线（漫滩地层）

图1.1-4　南京地铁部分运营线路累计沉降曲线图

从图1.1-3和图1.1-4可以看出，地铁隧道运营期变形较大，在某些区段严重超限，直接影响地铁结构自身安全和列车运行安全。地铁隧道长期变形表现出很强的地域特性，在全国各地地铁隧道结构形式基本一致的情况下，工程地质条件差异是各地隧道变形差别较大的根本原因。例如，漫滩软土地层中地铁隧道的变形规律既不同于同地区其他地貌单元，也与其他城市软土地层中的变形有较大差别，其不均匀沉降是目前国内最严重的之一，所以针对漫滩软土地层中的地铁隧道变形尤其需要重点研究。

美国学者De Sitter（1984）提出了在基础设施维护领域非常有名的5倍定律：建构筑物维护不及时，将导致服役期结构维护费是建造费的5倍级数增长，见图1.1-5。以地铁盾构隧道（常规直径约6.2m）为例，建设期单洞土建造价为5~6万元/m；如果隧道出现较大变形及病害，钢环加固费用约30万元/m；如果隧道出现严重病害，不能维持正常使用时，需要明挖后进行加固补强处理，则治理费用可能超过100万元/m。

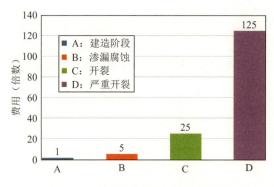

图 1.1-5　土木领域的 5 倍定律示意图

因此，为确保地铁隧道百年使用寿命及其安全，需要全面系统地研究地铁隧道运营期长期变形影响因素及变形机理，提出各因素影响下的变形计算预测方法，探求其变形影响规律，并提出相关安全保护措施，从理论和实践上给地铁隧道的结构安全保护及病害治理工作提供理论依据。

1.1.2　地铁隧道运营期变形的影响因素

地铁隧道长期变形是多种因素耦合的结果，而且不同环境下影响因素种类和各因素占比也差异较大。从大的方面可分为内因和外因。内因主要是指隧道的结构形式、盾构施工扰动引起的主次固结、结构渗漏水和列车运营振动等；外因主要是指工程地质、区域地面隆沉、地下水位变化、周边建筑活动等因素（叶耀东等，2007；王如路，2011；陈德智，2011；张震，2013；杨兵明，2015）。

国外学者 O.Reilly 等（1991）对位于软黏土中的 Grimsby 隧道中进行了 11 年研究，认为软土隧道需要经历超过 10 年时间才能达到稳定状态。Shirlaw（1995）调研了大量软土隧道的施工期及运营期沉降数据，发现运营期沉降一般占总沉降量的 30%～90%，在软土中的占比更高，其中固结和次固结沉降是主因。Komiya 等（2006）研究了新近沉积软黏土中的日本 Daiba 地铁隧道的长期沉降数据，发现其 20 年的最大沉降值已超过 73cm。Jallow 等（2019）采用软土蠕变模型模拟了土体的蠕变行为对某地铁盾构隧道长期沉降的影响，认为固结沉降仅占所研究案例总沉降的 5%，而蠕变沉降占总沉降的 80%。

国内学者针对上海地铁隧道长期变形进行了系统深入的研究。叶耀东等（2007）结合上海软土地铁运营隧道的历年监护数据，分析认为引起地铁变形的主要因素有地质条件、地面沉降、保护区内频繁的建筑活动和列车振动等，大多数情况下很难判断哪种因素是主因。Ng 等（2013）研究了隧道施工、列车运营荷载、软黏土次固结和抽取地下水等因素对上海地铁 1 号线（1994—2007 年）沉降的影响，认为隧道沉降主要是由于大量抽取地下水引起的砂土层固结压缩导致的，其约占总沉降量的 65%。邵华等（2014）研究认为地铁隧道沉降与所处区域的地层压缩变形密切相关，地下水开采是引起上海地铁沉降严重的主要影响因素。Shen 等（2014）统计分析了上海地铁 10 多年的沉降监测数据，认为地铁隧道不均匀沉降主要发生在以下几个部位：地质条件变化处、车站和隧道连接部位、隧道联络通道处、下穿河流的地段等。史玉金等（2018）研究了上海地铁 4 号线长期纵向变形，认为其危险区域集中在车站与隧道连接部位，隧道变形主要发生在线路开通运营 1 年的时间内,随后缓慢发展。

部分学者(黄广龙等,2006;狄宏规等,2015;郑军等,2017)对南京地铁运营期的变形进行了分析,均认为工程地质因素和周边高强度建设活动是隧道变形较大的主要因素。李桂华等(2014)基于某地铁隧道历时3年的变形监测数据,采用主成分析法,计算了各影响因素与隧道沉降之间的数学关系,认为隧道下卧层厚度和特性是主要影响因素,其他影响因素由大到小分别为地下水位变化、列车荷载和地面沉降等。

其他学者也针对各自城市的地铁隧道长期沉降进行了研究。Huang等(2015)研究认为隧道所在土层性质差异较大是导致隧道运营期沉降的主要原因。鞠凤萍(2018)针对北京机场线T2支线工程,研究认为地层厚度分布变化较大、频繁的地下水活动和列车运营振动是该线不均匀沉降较大的主要影响因素。

综上所述,地铁运营期的隧道长期变形研究成果不多,研究内容也大都只针对某一或某几项影响因素进行了分析,但不同地质条件和周边环境下各影响因素的影响程度和规律是有差异的,且不同学者针对同一研究对象得到的结论也不尽相同,说明目前的研究还不成熟。

现在针对盾构隧道施工扰动引起的主次固结沉降研究成果较为深入,且普遍认为其固结沉降较大,但从盾构施工完成到隧道内铺设轨道并开通运营大约需间隔1.5~2年时间,所以可认为在地铁开通运营时由于隧道施工期扰动引起的主固结沉降大部分已完成(罗仕恒,2009),运营阶段发生的主固结沉降不大,但深厚软弱土层的次固结沉降会持续较长时间。因此,下面主要对漫滩二元地层的地质特征、区域地面沉降、列车运营振动、周边工程活动和结构渗漏水五方面因素对隧道运营期长期变形的影响研究进行现状总结和问题分析。

1.2 地铁隧道运营期变形机理研究现状

1.2.1 工程地质对隧道变形的影响

大量的研究成果表明(黄广龙等,2006;邵华等,2014;李桂华等,2014;郑军等,2017),工程地质特性既直接影响着隧道长期变形,也会间接放大或减弱列车运营振动、周边建筑活动等其他因素对隧道变形的影响程度。因此,工程地质及其所内涵的岩土体物理力学特性是地铁隧道长期变形最根本的原因。

黄宏伟等(2002)、叶耀东等(2007)、王如路(2011)、邵华等(2014)学者结合上海地铁运营线路长期变形监测数据,研究认为上海广泛分布的浅层海相地层是地铁发生长期沉降的主要因素。隧道所穿越的海相地层主要有高压缩性淤泥质黏土层和饱和砂性土层。淤泥质黏土工程地质特性很差,具有大流变特性和高灵敏度,其长期固结沉降较大,在隧道周边土体受扰动情况下可能产生长达数年的沉降;饱和粉细砂层较为松散、土体粒径小(0.005~0.1mm),发生流砂后不易发觉,施工扰动和渗漏水会导致土颗粒流失进而引起隧道沉降。李明宇等(2016)对上海某地铁线路长达7年的监测数据进行统计分析,发现地铁隧道纵向沉降发展规律与地层压缩变形量和地下水位变化成线性比例关系。

黄广龙等（2006）、狄宏规等（2015）、郑军等（2017）结合南京地铁运营线路长期变形监测数据（图 1.2-1），研究认为南京构造剥蚀低山—丘陵区和岗地—岗间坳谷区的地铁结构变形普遍较小；但长江河谷平原区广泛分布的软土具有高含水量、高孔隙比、高压缩性和高结构灵敏度等工程特性，极易导致地铁隧道产生不均匀沉降，地铁下卧软土地层分布不均是隧道产生不均匀沉降的根本原因。

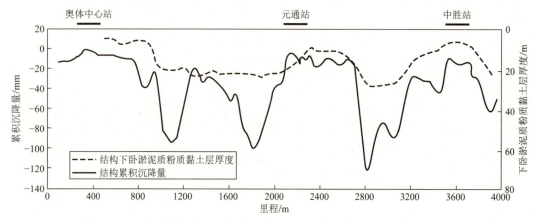

图 1.2-1　南京地铁某段沉降量与下卧软土层厚度关系（狄宏规等，2015）

杨兵明（2015）针对宁波全新统海相软土地层，采用离心模型试验研究了处于淤泥质黏土和砂土中的地铁隧道的长期沉降，研究表明：隧道处于淤泥质黏土层时，当土层含水率大于 48%，隧道长期变形表现为上浮量较大，且长期变形不易稳定；隧道处于粉砂层中且有渗漏水时，隧道会发生较快的沉降。

刘健美（2020）研究了广州南沙深厚软土地区地铁隧道的长期沉降，采用 Merchant 流变模型和 Terzaghi-Randulic 固结理论建立隧道地基土体的固结-流变耦合模型，研究结果表明：隧道长期沉降与下卧土层特性关系密切，下卧软土层越厚、性质越差，则隧道的长期沉降越大。朱建峰等（2019）采用离心模型试验研究了佛山地铁的长期沉降，得到了同样的研究结论。

综上所述，在不考虑由于施工质量问题造成的隧道病害情况下，工程地质特征及土体特性是地铁隧道运营期长期沉降的最主要影响因素。但由于各地工程地质成因、地貌单元分布、岩土体物理力学性质不同，也决定了工程地质特性对地铁隧道长期变形影响没有统一的规律可循，尤其对处于特殊地质成因的漫滩地层中的地铁结构，应进行针对性分析，而不是简单借鉴其他地区的工程经验和研究成果。

1.2.2　区域地面沉降引起的隧道变形

区域地面沉降是软土地区城市普遍面临的地质灾害，在我国东部沿海和中部地区尤为突出。目前我国大部分城市地面沉降的主因是大量抽取地下水导致的软黏土固结和砂性土释水压缩变形（薛禹群等，2006）。埋置于软土地层中的地铁隧道抵抗纵向变形能力较差，必然会受到大面积区域沉降的影响。

王如路（2009、2011）、邵华等（2014）、吴怀娜等（2017）、闫静雅等（2018）学者对比分析了上海地面沉降与沿线地铁隧道的沉降监测数据,认为开采深层地下承压水引起隧道下方土层固结压缩变形是导致上海地铁沉降较大的重要影响因素,地铁隧道变形与地面沉降的趋势是基本一致的,某些地段地面沉降因素引起的地铁隧道沉降占到其总沉降量的50%以上,如图1.2-2所示;另外,隧道上方的地层沉降对隧道影响较小,隧道下方的地层沉降对隧道结构的沉降起控制性作用。

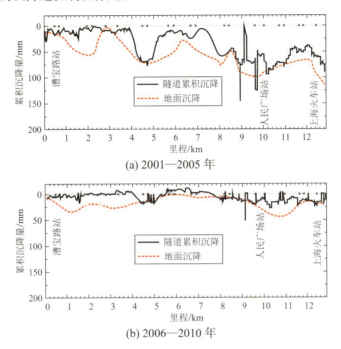

图1.2-2 上海地铁1号线隧道沉降与地面沉降关系对比(闫静雅等,2018)

张涛等(2017)、蔡干序等(2018)、朱邦彦等(2020)结合南京河西地区持续10多年的地面沉降监测数据和InSAR监测技术,初步分析了地面沉降的成因及其对地铁沉降的影响,发现以漫滩地层为主的地质条件、持续近20年的高强度建设开发(包括抽取地下水),是导致本地区地面沉降快速发展的主因;南京河西地区很多地段沉降速率超过50mm/a,且地面不均匀沉降现象严重;在地铁隧道沉降与区域地面沉降相吻合的区域,地铁线路均位于深厚的淤泥质土层中。

叶俊能等(2010)、李凤明(2016)分别简要分析了宁波和北京地铁沿线的区域地面沉降及对地铁沉降的影响和应对措施。

综上所述,目前区域地面沉降对地铁隧道变形的影响大都是定性研究。由于目前地面沉降监测数据基本都是基于地表的变形,地层的深层沉降监测成果还比较少,因此,很难对由于区域地面沉降引起的地铁隧道沉降量进行定量计算分析。

1.2.3 列车运营振动引起的隧道变形

列车荷载属于长期循环振动荷载,虽然与地震和爆破冲击荷载相比,其振动幅值较小,但其作用频次高,且伴随地铁运营全生命周期,因此,对软土地区地铁隧道的长期沉降有显著影响。

地铁振动荷载引起的隧道及地基沉降可分为两部分：一是不排水条件下的土体累积塑性变形，二是振动荷载下超孔隙水压力消散产生的固结沉降。其计算方法主要有两种：第一种方法是通过室内循环振动试验得到土体动参数，并建立累积塑性变形和固结沉降的显式经验公式，利用分层总和法计算预测隧道的长期沉降，本方法可简称"经验公式模型法"；第二种方法是基于动力学土体本构关系建立动力分析方程或数值计算模型，简称"动力本构模型法"。

（1）经验公式模型法

经验公式模型法是利用室内循环振动试验获取土体的动力特性参数，并明确应力应变与土体累积变形之间的关系，从而建立地铁振动荷载作用下土体长期变形与振动次数之间的显式经验计算模型。

循环振动累积变形的经验计算模型分为两类，一类是基于循环振动破坏理念的循环累积变形模型（赵春彦等，2011；臧濛等，2017），这些计算模型的关键是引入达到定义破坏标准的循环应力比，基于破坏时的循环应力比，建立与循环加载次数相关的数学关系。另一类是基于第一次循环振动变形的计算模型，例如 Monismith 等（1975）提出的指数模型 $\varepsilon_p = AN^b$ 应用最为广泛，此公式主要考虑变形与循环振动次数 N 的指数关系，A 为第一次循环振动应变（$N=1$时）。但是公式中的参数 A 与许多因素有关，具体物理意义不明确，很难确定。此后，Li 和 Selig（1996）、Chai 和 Miura（2002）考虑初始静偏应力、动偏应力和静破坏偏应力的影响，将指数模型进一步拓展，并对相应的参数给出了对应的取值范围，见式(1.2-1)和表 1.2-1。

$$\varepsilon_p = a \cdot \left(\frac{q_d}{q_f}\right)^m \cdot \left(1 + \frac{q_s}{q_f}\right)^n \cdot N^b \tag{1.2-1}$$

式中：ε_p——累积塑性应变；

q_d、q_f、q_s——土体动偏应力、静强度和静偏应力；

N——列车荷载作用的次数；

a、m、b——与土的类型以及塑性指数有关。

此公式适用于各类高液限和低液限黏土及各类粉土。Li 和 Selig（1996）给出了相关参数的取值范围，见表 1.2-1。

计算参数取值表　　　　　　表 1.2-1

模型参数		土体分类			
		低液限粉土（ML）	高液限粉土（MH）	低液限黏土（CL）	高液限黏土（CH）
a	平均值	0.64	0.84	1.1	1.0
	范围	—	—	0.3～3.5	0.82～1.1
m	平均值	1.7	2.8	1.8	2.4
	范围	1.4～2.0	1.3～4.2	1.0～2.6	1.3～3.9
b	平均值	0.10	0.13	0.16	0.18
	范围	0.06～0.17	0.08～0.19	0.08～0.34	0.12～0.27

但式(1.2-1)未考虑振动荷载下累积孔隙水压力消散引起的固结沉降。国内学者在上述研究成果的基础上也做了大量的试验研究和改进工作。

姚兆明等（2011）通过室内非等向固结排水循环三轴试验，建立了一种具有较明确物理意义的计算粉细砂地层在振动荷载作用下塑性累积变形的显式计算模型。姚兆明等

(2012)建立地铁隧道的平面应变计算模型,采用拟静力法计算列车荷载引起隧道地基的动应力,并结合饱和软黏土在振动荷载作用下的不排水累积变形模型及累积孔隙水压力模型,计算了地铁隧道地基的长期沉降,累积孔隙水压力 u 计算公式如下:

$$u = p_a \cdot a_u \cdot \frac{q_d}{q_{ult}} \cdot n_u \cdot \left(\frac{p_0'}{p_a}\right)^c \cdot N^{b_u} \tag{1.2-2}$$

式中:p_a——1个标准大气压,$p_a = 101\text{kPa}$;

p_0'——平均有效固结压力;

a_u、n_u——修正动偏应力水平对第一次循环累积孔隙水压力、围压归一化值的影响系数;

c、b_u——与围压和循环振动次数有关的常参数;

q_{ult}——土体不排水抗剪强度。

姜洲等(2013)对饱和软黏土室内循环加载试验进行分析,研究了 K_0 固结条件对累积应变计算模型的幂指数取值的影响,并对已有经验拟合公式进行改进,建立了 K_0 固结条件下软黏土累积塑性应变计算公式。

庄海洋等(2014)采用英国GDS空心圆柱扭剪仪模拟列车振动荷载的应力路径,并考虑排水条件、试样围压和加载幅值等因素,给出了排水和不排水条件下南京片状细砂的竖向累积应变 ε_z 计算公式:

$$\varepsilon_z = k \cdot \left(\frac{p_a}{\sigma_c}\right)^m \cdot \left(\frac{\sigma_d}{p_a}\right)^n \cdot \lg[1 + p \cdot (N_d)^q] + k_1 \cdot \left(\frac{\sigma_d}{p_a}\right)^{n_1} \tag{1.2-3}$$

式中:k、k_1——通过室内试验确定的特定系数;

p_a——1个标准大气压,$p_a = 101\text{kPa}$;

σ_c——土体加载围压;

σ_d——试样振动加载幅值;

p、q——竖向应变累积特征参数,通过试验测定;

N_d——振动次数;

m、n、n_1——影响指数常数,通过试验结果拟合得到。

姜洲等(2013)、张冬梅等(2015)、高广运等(2016)建立三维数值模型对地铁荷载作用下隧道地基土体的动力响应进行计算,并结合软土的动力累积变形经验公式,研究了软土地层中车致隧道的长期沉降发展规律。由于在计算列车振动响应时传统有限元模型计算量非常大,甚至出现难以计算的情况,也有少数学者(周坤,2019;王涛等,2020)采用2.5维有限元结合薄层单元方法,建立相应的动力分析模型,分析了隧道地基在列车运行荷载作用下的长期沉降。

综上所述,经验公式模型法概念清晰,动参数也容易测定,且经过研究人员不断改进,已能较好应用于实际工程中。但该方法把振动荷载下土体复杂的应力应变特性简化为一维变形和一维固结理论进行计算,且不能准确完整反映土体振动荷载下的动力性能和各向异性的本构性质。

(2)动力本构模型法

动力本构模型法利用可描述土体累积塑性变形和累积孔隙水压力消散的弹塑性本构模型,采用数值模拟方法计算隧道地基土体在列车循环振动荷载下的应变和变形特征。虽然该方法相比经验公式模型法,可进行三维动力计算,并考虑土体累积塑性变形和孔隙水压力消散两者的互相影响,但该方法也受限于土体弹塑性本构模型的准确性、列车振动荷载的准确模拟、计算频次极大等因素的影响,在实际工程计算中极少采用。

在土体动力弹塑性本构模型研究方面,其典型代表是多屈服面本构模型和边界面本构模型。国内外学者 Provest（1978）、王建华（1991）、庄海洋等（2006）针对黏性土建立了各自研究对象的多屈服面模型；徐干成等（1995）、陈生水等（1995）、Yang 和 Elgamal 等（2003）针对砂性土建立了相关多屈服面模型。多屈服面模型虽然可较好地描述循环荷载下土体的动力特性,但是各个屈服面的各种参数数量较多,确定参数数值困难,且对计算机性能要求很高,因此,很多学者提出了较为简化的边界面模型。Tabbaa 等（1989）、Liang 等（1992）、黄茂松等（2009）、程星磊等（2014）各自建立了描述循环荷载下黏性土应力应变响应的边界面塑性模型；Dafalias 等（1975、2004）、Zienkiewicz 等（1985）、刘汉龙等（2003）建立了动力荷载下砂性土边界面塑性模型。

李进军（2005）采用边界面模型和 Biot 动力固结计算理论,建立了振动循环荷载作用下的软黏土变形弹塑性数值模拟计算方法,可计算不同动应力和不同排水条件下的累积塑性变形和累积孔隙水压力消散引起的固结沉降。

赵春彦等（2010）采用可考虑软土循环累积变形和累积孔隙水压力的 Mesri 蠕变模型,通过三维有限元计算得到模型中的应力应变计算参数,同时利用三轴试验得到模型公式中的常参数,运用分层总和法计算得到隧道沉降时程曲线。

总体来说,虽然学术界对土体动力弹塑性本构模型进行了较多研究,但受限于模型参数的复杂性、不确定性和难以获取等因素,且当计算频次超过百万时,计算的成本非常高,不利于工程应用,因此,动力本构模型法应用很少,也不是目前的主流研究方法。

1.2.4 周边工程活动引起的隧道变形

地铁保护区范围内实施的各类工程活动是引起大部分地铁隧道变形和病害的直接原因。地铁周边工程活动的种类很多,从工程类别上可分为：工业与民用建筑类、道桥隧等交通基础设施类、地下管线等市政工程类、轨道交通邻近穿越类等；从工程活动性质上可分为：基坑开挖与支护、群井降水、桩基施工、地基处理、大面积加载和卸载、顶管施工、盾构施工、钻探、爆破、河道疏浚等（图 1.2-3）。

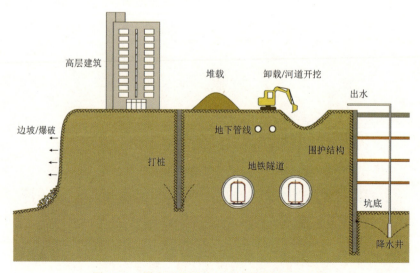

图 1.2-3　周边工程活动对地铁隧道影响示意图

邻近地铁的工程施工活动，会影响并改变既有地铁结构的原始地层应力场，破坏隧道结构的受力平衡，继而引起地铁隧道纵向不均匀沉降、横向位移等不利变形，严重时会导致隧道结构破坏。邻近地铁结构的工程活动中数量最多、最普遍，且影响较大的是基坑开挖卸载和群井降水。上海虹口商城基坑距地铁 8 号线最近约 7m，基坑最大深度达 27m，采用悬挂式止水帷幕，坑内设置 19 口降承压水井，经现场监测发现基坑开挖及群井降水导致地铁隧道最大沉降达 80mm，降承压水影响半径达到基坑深度的 30 倍（曹伟伟等，2018）。南京地铁 10 号线河西段（原 1 号线西延线）建成后 10 年内发生了较大的不均匀沉降，经现场调查分析发现，每个较大的沉降槽均对应一个或几个较大规模的建筑施工及其深基坑工程，如图 1.2-4 所示。

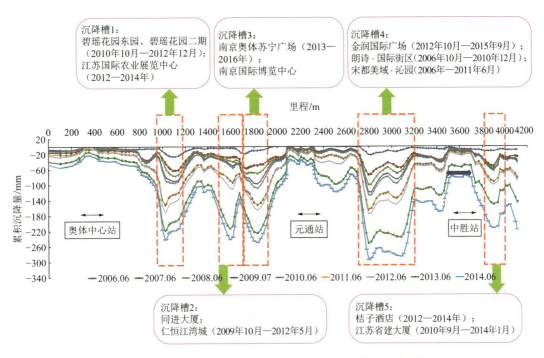

图 1.2-4　南京地铁 10 号线隧道沉降槽与周边地块开发关系图

（1）基坑开挖卸载引起的隧道变形研究现状

基坑开挖卸载会引起坑外土体位移（沉降或隆起）和坑内土体隆起，进而导致其邻近的侧向或下方隧道产生位移。针对本工程问题的计算方法，除了现场实测外（孔令荣等，2010；银英姿等，2016；张治国等，2017；丁智等，2019），主要有两阶段分析法（张治国等，2011；姜兆华等，2013；周泽林等，2015；周杰等，2017；魏纲等，2018）和数值模拟分析法（Yoo C 等，2008；Huang X 等，2013；郑刚等，2016；姚爱军等，2018；裴行凯，2019）。

两阶段理论分析法，是指第一阶段先通过理论计算公式得到基坑开挖卸载引起的隧道位置处的土体附加应力（或位移），第二阶段将计算得到的附加应力（或位移）作用于隧道结构上，通过理论解析解或数值计算得到隧道的纵向变形和附加内力。

针对第一阶段的计算，刘国斌等（1996）基于大量基坑变形监测数据分析，引入土体残余应力理论,建立了上海软土卸载应力路径与变形模量的关系公式,提出了基坑坑底隆起变形计算模型。胡蒙达(2000)、杨林松(2007)推导了基坑开挖引起的基坑内部和外部土体应力场和位移场的计算表达式。针对第二阶段的计算,Klar 等(2005)基于 Winkler 弹性地基梁计算模型,推导了地基长梁在附加应力作用下的附加内力计算公式。

张治国等(2009)采用两阶段分析法,首先基于 Mindlin 理论公式推导了基坑坑底卸载引起的周围附加应力场,然后基于 Winkler 弹性地基梁理论推导了隧道纵向变形计算表达式,并通过现场实测数据和离心模型试验进行了验证。张治国等(2011)在此基础上,进一步同时考虑基坑坑底和侧壁卸载引起的土体附加应力场,并利用 Galerkin 方法将隧道纵向变形计算公式简化为一维有限元方程进行计算。

基于弹性地基梁理论的两阶段位移法、两阶段应力法计算隧道位移的公式分别如式(1.2-4)、式(1.2-5)所示:

$$EI\frac{\mathrm{d}^4W(x)}{\mathrm{d}x^4} + kD[W(x) - U(x)] = 0 \tag{1.2-4}$$

$$EI\frac{\mathrm{d}^4W_z(x)}{\mathrm{d}x^4} + kDW(x) = P(x) \tag{1.2-5}$$

式中:$W(x)$——基坑开挖引起的邻近隧道的位移;

EI——隧道的等效抗弯刚度;

$U(x)$——基坑开挖引起的隧道位置处的位移;

k——土体的地基基床系数;

D——隧道直径;

$P(x)$——基坑开挖引起的隧道结构上的附加荷载,若基坑位于隧道侧方,则 $P_h(x) = \sigma_h \cdot D$,若基坑位于隧道上方,则 $P_z(x) = \sigma_z \cdot D$。

其他学者也针对两阶段分析法进行了改进。在计算理论和模型方面,张俊峰等(2012)采用 Boussinesq 应力解和 Mindlin 应力解计算土体附加应变场,并针对软土引入非线性流变模型,然后通过数值积分,基于弹性地基梁理论预测隧道变形。黄栩等(2012)基于三参数 Keer 地基梁模型,建立了基坑底卸载引起的下方隧道隆起变形计算公式。梁荣柱等(2017)采用 Timoshenko 梁计算理论,不仅建立了基坑卸载引起下方隧道隆起变形的计算公式,也建立了能考虑盾构隧道剪切效应影响的隧道管片错台变形计算公式。Zhang 等(2017)采用 Pasternake 地基梁模型,提出了上方基坑开挖引起下方隧道隆起变形的计算公式。魏纲等(2019)在推导隧道纵向变形计算公式基础上,还推导了隧道横截面剪切力计算公式,并考虑盾构隧道管片拼装特性,推导了盾构隧道管片错台和环间转角的计算表达式。在影响因素假定方面,大部分研究成果未考虑基坑围护结构对坑内外土体变形之间的"遮拦"作用,因此,魏纲等(2016)建立了能同时考虑基坑四周围护结构与土体间摩擦作用的计算公式,并通过积分方法推导了隧道变形计算公式。

由于两阶段分析法无法模拟基坑开挖和回筑的全过程,也很难全面考虑基坑的各项加固和加强措施,因此,数值模拟分析方法用的越来越多。各位学者在数值模拟分析方法的技术路线上基本一致,区别主要在于采用的软件类型、土体本构模型和计算模拟的影响因素等。

Hu 等(2003)以上跨地铁隧道的某基坑工程为研究对象,采用有限元模拟计算分析了地下连续墙加内支撑支护方案、降水固结、基坑分区开挖等因素对隧道周边土体位移的影响，并基于计算结果优化设计和施工方案，在工程实施过程中成功地将隧道竖向位移控制在 5mm 以内。

张保存等（2012）、童伟（2013）、刘芳梅（2015）、杜一鸣（2016）采用 Plaxis 有限元软件，利用 HSS 土体本构模型，分别模拟分析了基坑支护方案、施工工序、基坑与隧道的位置关系等因素对隧道变形的影响规律。

秦前波等（2012）、邹家南等（2013）、马启昂（2018）、鲍啸成（2019）采用 MIDAS/GTS 有限元软件建立计算模型，分析了基坑卸载引起的邻近隧道附加变形和内力变化规律。

部分学者（高广运等，2010；宋赵锐等，2011；王霆 2016）采用 FLAC3D 有限差分软件模拟分析了深基坑开挖和降水对邻近侧向地铁隧道的影响。宋赵锐等发现地铁隧道以水平位移为主，且需要考虑降水对坑外土体的扰动和隧道变形的影响；王霆通过与现场监测数据进行对比分析，发现当隧道离基坑较远时，基坑卸载对隧道的影响较小，地下水位变化对隧道的沉降影响很大。王定军等（2018）采用 FLAC3D 软件模拟分析了深圳某市政隧道基坑长距离平行上跨地铁隧道的工程案例，并根据计算结果提出了合理的基坑加固深度和宽度，最终把地铁隧道的变形控制在安全允许范围内。

部分学者（王卫东等，2006；郑刚等，2013；左殿军等，2014）采用 ABAQUS 有限元软件分析了基坑开挖对邻近侧向隧道的影响。郑刚等采用修正剑桥模型模拟土体单元，并重点分析了基坑加固等措施对既有地铁隧道的保护作用；左殿军等采用 Mohr-Coulomb 弹塑性模型模拟土体单元，并在土体与隧道、土体与围护结构之间设置有限滑移接触面单元，计算发现隧道位移远小于基坑围护结构。

综上所述，在两阶段理论分析法方面，现有研究成果较少考虑基坑围护结构的作用，也难以模拟基坑开挖的全过程和地基加固等措施；而数值模型分析方法中各种影响因素掺杂在一起，难以分清各因素的影响占比，如果某个参数输入错误就会得到不准确的结果。

（2）基坑降水引起的隧道变形研究现状

基坑坑底处于承压含水层或其抗突涌稳定性不满足要求时，需降低基坑内的承压水位，以保障基坑的安全。当基坑四周的止水帷幕未隔断承压含水层时，坑内降承压水会引起坑外地下水位的下降，导致土体有效应力增加，发生固结沉降，从而对邻近的隧道结构产生不利影响。除了现场实测方法外，预测基坑降水引起的地层沉降和邻近建（构）筑物变形的主要方法有理论解析解（李文广，2008；龚晓南等，2011；黄显贵等，2017；江杰等，2020；姚文龙等，2020）和数值模拟分析（胡国新等，2007；吴怀娜等，2012；郑刚等，2015；张治国等，2015；王霆，2016；黄戟等，2018、2019；毛喜云，2020）两种方法。

在理论解析解方面，李文广（2008）将深基坑降水视为稳定渗流，根据群井渗流理论得到地下水的水位降深，利用随机介质理论推导饱和土体的沉降公式，在此基础上采用弹性地基梁模型，建立隧道竖向位移的解析解，但地下水降深公式未考虑止水帷幕的影响。陈伟（2010）建立了三维地下水运动的非稳定流数学模型，采用有限差分法进行离散计算，分析了基坑降承压水引起周边地下水位的时空分布，并由分层总和法求得邻近隧道位置处的土体位移值。龚晓南等（2011）将降承压水引起的土体有效应力增量等效为作用在上覆弱透水层的向下附加力，利用 Mindlin 解推导出土体的竖向位移值。黄显贵等（2017）利用水利工程中水库水位降低时的水位曲线计算公式，得到基坑降水后的地下水位计算公式，从而计算得到地基中的附加应力和地基沉降。江杰等（2020）改进了传统计算方法，提出的新计算公式中考虑了渗流引起的动水压力效应和止水帷幕的约束作用，但未区分潜水和承压水。姚文龙等（2020）改进了基坑渗流力计算公式，基于随机介质理论提出了一种计算土层位移的计算方法。

在数值模拟分析方面，胡国新等（2007）采用流-固耦合计算模式，分析了基坑降水对邻近地铁隧道管片变形、接头纵缝张开量的影响。Mao 等（2010）采用 FLAC3D 软件模拟了基坑地下水渗流对邻近地铁隧道变形的影响，并分析了地下水头高度、渗流位置和渗流比等因素对隧道变形的影响规律。吴怀娜等（2012）考虑降水水位、抽水层、降水时间和方式等因素的不同，建立三维地下水渗流模型，并结合固结理论，分析了基坑降水对邻近越江隧道变形的影响。郑刚等（2015）利用 ABAQUS 软件模拟基坑抽水过程，并结合现场抽水试验，对土体的力学参数进行反演，在此基础上，考虑隧道相对于承压含水层的位置、隧道与降水井间距等不同参数，研究了降承压水对邻近隧道结构的影响。王霆（2016）、黄戟等（2018）分别利用 FLAC 和 Midas NX 软件，建立了三维渗流-固结耦合计算模型，模拟了基坑开挖和降水对邻近地铁隧道的变形影响。

上述研究成果主要存在以下不足之处：①大部分成果未同时计算上覆浅水层和承压含水层的沉降，且考虑承压水承压特性的研究成果较少。例如，在骆冠勇等（2004）和龚晓南等（2011）的研究中只考虑了降承压水引起上覆弱透水层的沉降，未考虑承压含水层自身的沉降；黄显贵等（2017）利用水库降水曲线计算方法、姚文龙等（2020）基于随机理论的计算方法都未考虑含水层的承压特性。②大部分计算公式未考虑围护结构对坑外地下水的绕流作用，或是未考虑渗流力的作用，或只考虑单井降水，未考虑坑内群井的降水效应等。③把降水引起的土层沉降等同为隧道结构的沉降，忽略了建筑物基础或隧道刚度的影响。

综上所述，针对基坑开挖卸载和降水的三维数值分析，土体本构模型对计算结果影响非常大，甚至可能得到不真实的结果。采用渗流-固结耦合模型的数值分析方法虽然能较真实地模拟基坑开挖、降水对邻近隧道的影响，但计算所采用的土体本构模型通常为摩尔-库仑、修正摩尔-库仑或硬化土模型，在基坑开挖卸载后，基坑周边地表会出现隆起，邻近隧道会发生向上的位移（胡浩，2014；毛喜云，2020；李晓刚等，2020），而实际工程中有围护结构的基坑开挖后，周边地层和隧道一般表现为沉降，数值模拟与工程实际情况不符。

1.2.5　结构渗漏水引起的隧道变形

地铁隧道渗漏水是指在隧道内外较大水头差压力作用下，地下水渗入或涌入隧道内，严重时可能会挟带泥砂。渗漏水会使周围岩土体孔隙水压力降低，有效应力增加，隧道发生固结沉降；隧道的纵向沉降会进一步加大结构开裂，加剧渗漏水发展，导致恶性循环。地铁隧道的渗漏主要有两种，一是接头处的局部渗漏；二是衬砌结构的整体渗漏。整体渗漏主要发生在矿山法施工的暗挖隧道中，地下水通过初期支护渗流至衬砌背后的排水管网中。而对于盾构隧道，其渗漏主要以管片接头、螺栓孔、手孔和管片破裂处等局部渗漏为主（Mair，2008）。目前计算局部渗漏引起的隧道沉降的方法以数值模拟计算为主。

Shin（2002）采用非线性有限元分析，以伦敦和首尔的工程地质条件为背景，预测了盾构隧道不同渗漏形态下的长期沉降规律，但其最后也认为准确模拟隧道局部渗漏的难度很大。

Wongsaroj 等（2007）以伦敦 St James's Park 盾构隧道为研究对象，发现当把隧道作为均质渗透体时，计算得到的隧道周围孔隙水压力与现场实测数据差别较大，主要是由于实际中隧道下部渗漏较上部严重，因此对均质渗透体进行修正，把隧道下部渗透系数设置的比上部大很多。

部分学者（郑永来等，2005；张冬梅等，2005；吴怀娜等，2009；李翔宇等，2016）以上海地铁为例，采用有限元模拟分析了隧道不同渗漏位置、渗漏形态、渗漏总量对地铁隧道长期沉降的影响。其中郑永来等（2005）计算认为完全渗漏情况下隧道最大沉降可达22cm；吴怀娜等（2009）认为渗漏量与隧道沉降近似呈线性关系。

刘印等（2013）针对地铁隧道局部渗漏模拟难度较大的现状，采用 ABAQUS 软件建立符合隧道横向刚度的模型，进而提出了一种能计算局部接头渗漏的计算方法，计算结果表明，渗漏位置越靠近隧道底部，引起的孔隙水压力减少和隧道沉降越大；接头渗漏还会导致隧道发生环向收敛变形，引起隧道两侧受力不均衡，导致隧道发生侧向移动。

张柏林（2015）针对南京漫滩地区的地铁隧道，采用 ADINA 软件计算隧道渗漏的渗流场，进而计算得到隧道沉降时程曲线，计算分析认为隧道局部渗漏发生在拱底时的沉降最大，拱腰次之，拱顶最小；隧底为淤泥质土层时的渗漏沉降最大，粉土次之，粉砂最小；隧道埋深越大，渗漏沉降越小。

总体而言，目前还没有能准确计算渗漏水引起的隧道沉降的计算方法，现有的计算方法基本都是假定一个渗透系数，进行半定量计算，分析渗漏引起的隧道沉降规律。对于盾构隧道来说，只要结构防水措施和施工质量有保证，后期由于渗漏引起的盾构隧道沉降量不大。

1.3 地铁隧道运营期病害治理研究现状

地铁隧道病害对结构自身的安全性、耐久性威胁很大，同时也会直接影响轨道的平顺度、乘坐的舒适度及地铁的运营安全。地铁盾构隧道运营期发生的病害类型大致分两类：第一类是表观病害，例如管片裂损、渗漏水、接缝张开量过大、管片错台和道床脱空等；第二类是深层次的变形，主要是纵向不均匀沉降和横向收敛变形。第一类病害大部分是由第二类引发的。

目前针对地铁盾构隧道病害机理及其治理的研究还处于起步阶段，对既有病害的发展趋势、加固治理的时机等问题，业界还存各种争议。叶耀东等（2007）分析了上海地铁软土地区隧道病害的主要形式、产生原因，并提出了相关的防治措施，提出坚持长期监测，定期检查结构；制定技术标准，严密监控安全保护区内工程施工；设置永久沉降监测点，研究地面与隧道纵向沉降关系；建立病害数据库，开展地铁隧道健康诊断技术系统研究。沈赞（2014）以广州地铁某区间明挖隧道受临近的深基坑开挖导致大变形和开裂为案例，剖析了隧道异常沉降的原因，并提出了隧道内病害整治方案和隧道外的补偿注浆方案，形成了一套相对完整的应急及整治技术。颜庭祥等（2015）以海底盾构隧道病害治理为例，分析盾构隧道结构缺陷及病害的成因，通过壁后注浆在隧道结构外形成致密的隔水层，减少海水对隧道结构的长期直接侵蚀，并通过混凝土结构的补强、裂缝粘结等技术，尤其采用抗海水侵蚀的硫铝酸盐水泥特种注浆材料，遵循"以堵为主、标本兼治、综合治理"的原则，在隧道病害治理中取得了较好的效果。

董飞等（2017）以北京地铁为研究对象，认为管片接缝变形是盾构隧道病害的根源，并由此引发了盾构断面的椭圆化变形、管片的压溃与错台以及盾构隧道的渗漏水问题等，隧道渗漏水主要位于管片的螺栓孔和接缝处。张金红等（2020）统计发现，软黏土地层中盾构隧道水平收敛变形大于$5‰D$的管环接近75%，管片开裂、环内错台、纵缝张开、道床脱开、渗漏等病害问题严重，并建立了水平收敛变形与管片裂缝、环内错台、纵缝张开、道床脱开、渗漏等结构病害的关系，并建议以2%的概率作为水平收敛变形控制界限值。

丁炜（2022）以上海地铁为研究对象，认为地铁盾构隧道结构的主要病害为渗漏水、结构损伤和结构变形3大类，并提出不同服役状态下的治理策略，针对隧道渗漏水、管片变形和损伤提出以不同的注浆形式和结构补强方案。葛双双等（2022）对我国软土、非软土及复合地层等不同地区的交通盾构隧道病害类型及其影响因素进行了总结分析。研究结果表明：隧道病害类型可分为渗漏水、管片错位、衬砌裂缝、衬砌结构劣化和隧道变形；病害影响因素主要包括设计原因、施工因素、材料劣化因素和外部突发性特殊载荷等方面；隧道病害治理包括结构表观病害治理和结构变形治理两大类。

综上所述，影响地铁盾构隧道病害的因素是多种多样的，包括施工质量、地质条件、区域沉降、外部作业活动、振动荷载、壁后注浆缺陷、材料腐蚀和构件疲劳等。病害治理对策的制定应根据地铁隧道结构病害的程度，结合现场实施条件等采取针对性的措施，并主要从混凝土结构性能劣化治理、隧道结构损伤的维修加固和对结构渗漏水、纵向沉降、收敛变形等病害的治理措施着手。目前上述病害治理措施的应用效果还需要在各个工程实践中进行检验。

1.4 漫滩地层的工程地质特性研究现状

江河湖海在长期的演化变迁过程中，形成了一种很重要的地貌类型——漫滩，漫滩也是泛滥平原的重要组成部分。沉积地质学认为，在水流作用下，河（江）床一侧发生侵蚀，另一侧发生堆积和沉积，也导致河床发生摆动。在受堆积一侧，逐渐形成边滩。在周期性洪水发生期间，上游洪水裹挟着泥砂漫过河床进入浅水区，流速变缓后细颗粒沉积下来，形成具有层理但也分布不均的细颗沉积层。细粒沉积层的下部一般是由河道移动或变迁时沉积下来的粗颗粒物质组成。上部的细颗粒物质一般为粉质黏土和砂质粉土的混合物，密实度不足；下部粗颗粒物质一般为砂土或砾石等。这种上细下粗的漫滩沉积结构，具有典型的二元结构特征。

在漫滩地层沉积特性研究方面，李长安等（2009）对汉江洪水沉积物进行了研究，认为高河漫滩的沉积土粒径较细，粉砂级组分约49.56%，黏土含量约4.87%；低漫滩和平水位边滩的沉积土粒径偏粗，砂级组分占比约82.96%。Kale等（2000）、张凌华等（2015）研究认为洪水引发的漫滩沉积一般呈现二元结构，下部的砂质沉积会逐渐演化成粉砂或砂质粉砂；另外，张凌华等（2015）对南京长江河漫滩沉积研究发现，上部漫滩相沉积中有大量的薄层状水平层理，单层厚度一般不足 2mm。这种薄状夹层对上部软土的水平渗透系数有较大影响。

长江中下游地区是中国城市群最为密集的区域，也分布着最为广泛的漫滩二元地层，因此漫滩地层的工程地质特性需要深入研究。刘世凯等（2001）结合长江沿线港口建设的工程地质条件分析，概略研究了宜昌—镇江段长江沿线的漫滩地层结构、分布特征及其土体的物理力学性质，认为在水流分选作用下，长江自上游至下游的沉积颗粒由粗到细，越往下游漫滩相沉积物中的软弱土分布越广；此类软弱土在降水固结或大面积堆载卸载时，会发生快速且影响范围较大的沉降。徐杨青等（2006）把长江中下游一级阶地地层分为 4 层，分别为表层人工填土层、上部漫滩相黏土层、中部过渡相粉质黏土与粉土粉砂互层、下部河床相砂砾或卵石层；部分区域的上部漫滩相软土属于欠固结土，在基坑开挖时会产生较大的主动土压力，增大了基坑变形和失稳的风险。李英等（2012）研究了武汉漫滩二元结构地层的降水规律，发现降水引起的地面沉降主要发生在上部相对隔水层，上部软土层的压密和固结沉降在地面沉降中占据主导地位；而当地下水位回升时，砂土层的膨胀回弹可弥补一定程度的地面沉降。

针对南京漫滩地层的工程地质特性，严三保等（2000）认为南京第四纪地层中的漫滩土层沉积速度快、厚度大，且较为松散，按成因可定性为现代河漫滩相软土，部分区域属于欠固结土，大部分土层的容许承载力小于 90kPa。侯晓亮等（2009）研究了南京河西漫滩地层中的软土次固结特性，认为上部淤泥质粉质黏土层中粉粒含量较高，塑性指数较低，次固结特性属于低—中等，且在竖向荷载作用下固结蠕变特性随时间增长逐渐降低。侯晓亮等（2011）继续研究了南京漫滩地层的工程特性，认为软土层中的黏土矿物主要成分是伊利石，呈现中等—高灵敏结构性，软土层具有厚度变化大、分布不均、沉积年代不长、未完全固结、与长江水力联通等特性，在该土层中进行工程作业时，应充分考虑附加应力和自重应力的双重影响。上述土层特性也是导致南京漫滩地区长期地面沉降和建（构）筑物沉降的主因。

总体而言，目前对漫滩二元地层的工程地质特性研究成果不多，现有研究大都集中在上部漫滩相软土层，对二元地层的总体特性研究尚存欠缺，对地铁隧道穿越漫滩二元地层时的变形及受力特性的研究更是屈指可数。

第 2 章

漫滩地层中地铁隧道变形特征及影响因素分析

第 2 章 漫滩地层中地铁隧道变形特征及影响因素分析

南京地铁某些地段病害较多,特别是主城河西地区的隧道病害较上海、天津、宁波等滨海软土地区的地铁病害还要严重,且呈现多样性,其根本原因在于所处漫滩地层的地质特性。南京位于长江中下游地区,境内分布有非常宽广的长江漫滩和占原主城区约40%面积的秦淮河古河道;江河漫滩一般上部为粉质黏土、淤泥质土,下部为砂性土,局部互有夹层,是典型的二元结构(罗国煜等,1998)。地铁是线性工程,线路纵坡起起伏伏,沿线会穿越不同地貌和各类土层。漫滩二元地层上下部土层性质截然不同,地铁在漫滩二元地层中上下穿行时会发生较大的不均匀沉降和其他病害(黄广龙等,2006;郑军等,2017;朱邦彦等,2020)。

本章重点研究以下 3 方面的内容:

(1)分析南京地铁沿线地貌单元及工程地质分布,研究不同地貌单元下的地铁隧道变形特征差异。

(2)分析漫滩地层的成因、工程地质特性及其与地铁隧道变形的关联特征。

(3)分析漫滩地层中地铁隧道长期变形的影响因素,并初步探讨区域地质沉降、列车运营振动、周边工程建设和结构渗漏水等因素的影响规律。

2.1 工程地质与隧道变形的关联特征分析

2.1.1 南京地铁沿线工程地质概述

南京市轨道交通线网规划由 17 条城区地铁线和 10 条市域快线组成,总里程约1098km。截至 2022 年底,已运营 12 条地铁线路,运营里程约 449km;在建及已批准待建线路里程超过 300km,如图 2.1-1 所示。南京轨道交通线网中地下线约 835km,地面及高架线约 263km,地下线占比约 76%。地下线路的区间隧道绝大部分为盾构法隧道。地铁盾构隧道的长期变形受工程地质影响非常显著。

(a) 已运营和批复建设线网　　　　(b) 规划线网

图 2.1-1　南京城市轨道交通线网图(2020 版)

南京三面环山一面临水,地处宁芜凹陷构造板块与宁镇隆起构造板块交界处,主要地貌单元有低山丘陵区、堆积剥蚀岗地区和冲积平原区(罗国煜等,1998;邢崴葳等,2004)。

（1）低山丘陵区主要分布于江北老山、栖霞幕府山、紫金山、江宁方山—汤山一带，呈北东向展布。低丘区地层岩性主要为软质岩，顶部风化程度强烈。上覆土体在岗间坳地和东端与长江高漫滩接触地带为全新统（Q_4）粉质黏土，在岗地区主要为上更新统下蜀组（Q_3）粉质黏土。

（2）堆积剥蚀岗地（又称岗地—岗间坳谷区），主要分布于江北老山外围、长江南、秦淮河河谷两侧等地段。近地表主要分布可—硬塑的粉质黏土或黏土，底部主要为风化的泥质粉砂岩和粉砂质泥岩。土体从上至下分布填土层，零星分布全新统（Q_4）淤泥质粉质黏土，主要分布有全新统（Q_4）粉质黏土和上更新统下蜀组（Q_3）粉质黏土。

（3）冲积平原有长江河谷平原、秦淮河河谷平原等。长江河谷平原低漫滩区土体工程地质层时代主要为全新统（Q_4），局部残留上更新统（Q_3），主要区间段自上而下共发育7个工程地质（亚）层，I层填土层，II_{1a}层淤泥质粉质黏土层，II_{1b}层粉质黏土层，II_3层淤泥质粉质黏土层，其间夹有II_{2a}与II_{4a}粉细砂层，II_{5a}含砾粗砂、砾石层。软—流塑软土和松散粉细砂的流变、涌水、涌砂、不均匀沉降等是地铁面临的主要工程地质问题。

秦淮河河谷平原由现秦淮河和古秦淮河道组成，古秦淮河道是主城区内最大的软弱地层区，对地铁工程影响甚大。秦淮河谷漫滩区工程地质层从上至下主要为填土层，II_{1a}层淤泥和淤泥质粉质黏土层，II_{2b}层粉土层，II_3层淤泥质粉质黏土层，II_{4b}层粉质黏土层，II_{5b}层粉砂夹粉土层，III_1层为第四系上更新统下蜀组（Q_3）粉质黏土，III_{2b}层含砾粉质黏土被河流侵蚀呈残留体覆盖在基岩面上，III_{2a}层含砾中粗砂，分布在古河道地带。

南京地下水系发达，由于长江水系及秦淮河、金川河水系和古河道的影响，轨道交通需要穿越各种水系。长江河谷漫滩、秦淮河河谷漫滩等地段富含地下水，承压水位较高，承压水头埋深一般在地表以下2～6m，降潜水和承压水可能会导致地面较大沉降。岗地上覆土层以黏性土为主，富水性较差。基岩地下水（包括侏罗系象山群裂隙水、幕府山地段岩溶水等）主要存储于基岩节理裂隙、断层破碎带和风化带中，富水程度变化较大。

南京地铁运营和在建线路穿越的各类地貌单元如图2.1-2所示。其中虚线框出的区域（江北临江区、江南河西地区）是南京地铁病害最为集中的区域。

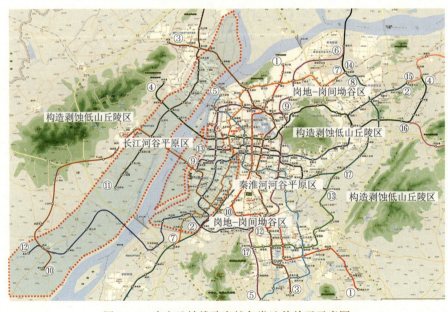

图2.1-2　南京地铁线路穿越各类地貌单元示意图

2.1.2 隧道运营期变形的特征分析

南京地铁1、2号线穿越了各类地貌单元，如图2.1-2所示。两条线累计长期沉降曲线如图2.1-3～图2.1-5所示。

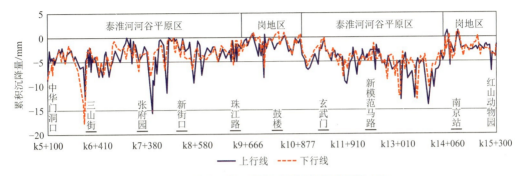

图2.1-3　南京地铁1号线地下结构累计沉降曲线

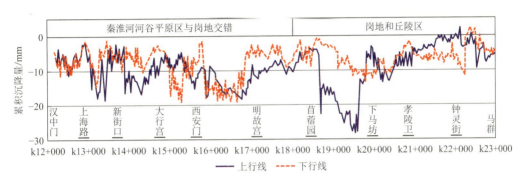

图2.1-4　南京地铁2号线东段地下结构累计沉降曲线（一）

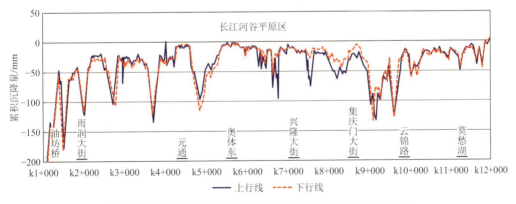

图2.1-5　南京地铁2号线西段地下结构累计沉降曲线（二）

分析两条线所经过的地貌单元、工程地质条件和地下结构累计沉降曲线，可以得到以下结论：

（1）南京地铁1号线主城区地下段（中华门洞口—红山动物园站）呈南北走向，所经区域地质条件普遍较好，隧道下方以粉土、粉砂、粉质黏土和强（中）风化岩层为主，长期沉降量不大。位于秦淮河河谷平原区的地铁隧道最大沉降一般为 10～15mm；位于岗地及丘陵区的地铁隧道最大沉降一般为 5～10mm。本区段最大沉降发生在三山街站南侧区间，沉降量约 17.6mm，此处为秦淮河古河道途径区域，隧道下方以稍密—中密的粉土为主。在鼓楼和小红山附近的岗地与丘陵地带，地铁隧道沉降量值较小，甚至有些地段发生了局部隆起，这是由于基岩裂隙水的承压性导致的。

（2）南京地铁 2 号线大致呈东西走向，并被秦淮河分成了东西两段。东段所经区域主要为秦淮河河谷平原区、岗地和丘陵区，地质条件较好，地铁最大沉降在 20mm 以内。明故宫以西每个区间隧道都存在沉降槽，这些地段属于高密度开发区，后续工程建设引起了地铁隧道发生了附加竖向变形。明故宫以东最大沉降发生在苜蓿园—下马坊区间的上行线，沉降量约 27.7mm，此段为矿山法暗挖隧道，位于定淮门—马群断裂带上，节理裂隙发育，富含基岩裂隙水，曾在 2011 年梅雨季节发生过隧道基底下围岩部分掏空，水压过大导致隧道隆起的事故，后经过疏导承压水并注浆治理，隧道逐渐由隆起转为沉降。

2 号线西段为长江河谷平原区，属于典型的漫滩二元地层，地铁沉降普遍较大，每个区间均存在沉降槽，最大沉降量 45～175mm，是东段的 2～9 倍。南京河西地区工程地质较差，且近 20 年进行了南京城建史上最大规模的开发建设。

南京地铁结构病害普查中发现，至 2019 年底全网存在 15 个较严重的区间隧道不均匀沉降槽，且盾构隧道管片收敛变形超预警值（≥60mm）的数量超过了 1500 环。这些不均匀隧道沉降槽全部位于漫滩或软土区域，且其周边大都进行了强度较大的建设开发，详见图 2.1-6。其中在南京河西地区，2 号线（油坊桥站—莫愁湖站）全部 7 个盾构隧道区间均发生了较严重的不均匀沉降；10 号线河西段共 5 个区间，4 个区间发生了较严重的不均匀沉降；S3 号线所经河西南部区域软土层较薄，但仍有 2 个盾构区间存在不均匀沉降槽。S8 号线雄州站—凤凰山公园站区间位于滁河漫滩区，也出现了较严重的不均匀沉降槽。

图 2.1-6　南京地铁隧道沉降槽分布图

综上所述，位于低山丘陵区、堆积剥蚀岗地区和部分地质条件较好的秦淮河河谷平原区的地铁线路，其长期变形较为稳定，沉降量不大，大都在20mm以内。但位于长江和秦淮河古河道漫滩区的地铁隧道沉降较大，特别是南京河西地区的地铁隧道沉降非常大，远超过规范规定的变形控制标准。因此，非常有必要针对漫滩二元地层中的地铁隧道长期变形的机理和影响因素进行深入分析。

2.2 南京漫滩地层的工程地质特性分析

2.2.1 漫滩地层成因及分布

长江及其支流古秦淮河河谷平原区是在漫长的长江河道演变中逐渐形成的，江河漫滩地层也是随之在全新世（距今7500~2500年）以来逐渐形成的。漫滩地层最集中的区域位于长江和秦淮河所夹的河西及江北沿江地区，其形成主要受以下因素影响（潘凤英，1990）：

（1）古长江在距今9000~8000年间，主河道向西移动，其携带的泥沙在东南岸不断堆积，江中心沙洲不断形成，并最终发育了目前的江心洲及其东侧夹江。

（2）冰期结束后海平面上升，江河沉积作用强烈。在第四纪晚更新世最后一个冰期（大理冰期，距今16000~15000年）结束后，海平面上升至扬州—镇江一带，南京位于长江河口区域，堆积作用强烈。近2000年以来，长江河口位置不断向东海推进，泥砂不断堆积，河床不断束狭（宽度从吴越时期的20km以上到现在平均约2.3km），长江两岸的漫滩区逐渐增长，详见图2.2-1（a）。

秦淮河古河道自水西门起，经升州路、三山街和长乐路，并向北经大行宫至玄武湖，经由大树根至福建路和金川门，并经大桥南路最终进入长江（罗国煜等，1998），详见图2.2-1（b）；秦淮河及其水系作为长江支流，水面宽阔，水流比降小，同时又受长江河口潮流顶托作用，古秦淮河流域堆积作用也很强烈。

(a) 长江（潘凤英，1990）

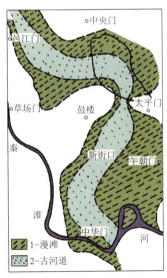

(b) 秦淮河及其古河道（戴长寿等，1990）

图2.2-1 长江南京段及秦淮河河道变迁示意图

（3）长江河床的边界条件约束作用。全新世时期，长江河道因江水泛滥在平原地区做较大幅度摆动，马鞍山—南京段长江河道摆动幅度曾达 16~20km。但受周边丘陵和岗地的约束作用，限制了长江河道的进一步扩大和迁徙，也控制了长江水流的进一步侵蚀。随着全新世中期以来长江中下游海平面后退，江面宽度束狭，长江两岸漫滩平原发育，并具有典型的二元结构特征，即上层以软土为主，下层为粉细砂和中粗砂。

全新世中期以来，南京段长江河道的演变过程和影响因素非常复杂，也造成各种形式江河漫滩的不断演化，例如河曲型漫滩、堰堤型漫滩、汊道型漫滩和平行鬃岗型漫滩等。

南京漫滩地层分布广泛，长江两岸的漫滩地层分布面积最大，其次是秦淮河及其古河道漫滩在主城区内分布广泛，如图 2.2-1 所示。滁河漫滩在六合地区也局部存在。南京地铁穿越长江和秦淮河漫滩地貌的区域如图 2.1-2 所示。

2.2.2 漫滩地层工程地质特性及其工程影响

南京地区的漫滩地层在竖向上表现为明显的二元结构特征，但在空间上表现出河床相和漫滩相沉积物厚度剧烈变化的现象，新近沉积的漫滩软土较为软弱且分布不均匀，也造成了南京漫滩地区工程地质和水文地质条件复杂多变、不良地质显著的特点，其具体工程地质特性及其对地铁结构影响如下：

（1）土体沉积年代较新，固结时间较短，灵敏度较高

从长江上游挟带的大量泥沙进入中下游区域后，沉积下来的物质以细小土颗粒为主。古时长江泛滥范围广、历时长，由于水流速度急，长江漫滩区沉积速度快，厚度大，但也导致沉积层较为松散。侯晓亮等（2011）在南京地铁 10 号线元通站附近取样进行了 ^{14}C 测龄，发现地表以下 6m 和 18m 处的淤泥质粉质黏土的沉积年代分别为距今约 3600 年和 4300 年，在地质年代上属于中全新世时期。其他学者（石尚群等，1990；夏佳等，1991）对南京漫滩地区的上层沉积软土进行 ^{14}C 测龄试验，推测其浅部土层沉积年代晚于距今 2500 年，属于现代沉积物。因此，现在的南京漫滩地区在古洪水褪去后，暴露于地表的沉积层顶面大部分时间内主要经历自重作用下的压缩固结，较少经历超固结压缩的状态，而由于固结时间不长，因此该区域内存在一定范围的欠固结土（严三保等，2000）。浅层未完全固结软土的性质较差，地基承载力较低，加载或扰动后固结沉降较大。

南京漫滩相软土矿物成分以伊利石为主，绿泥石次之，并含有少量石英碎屑，其粉粒含量在 60%上下（阎长虹等，2015）。土体沉积时间短，且基本处于饱水状态，导致土颗粒间连接强度较低，土体灵敏度较高（S_t = 2.5~5.5）。此外，由于其粉粒含量较高，沉积时呈层状，导致南京漫滩软土的透水性较其他地区的软土大，而且水平方向的渗透系数是竖向渗透系数的几倍到几十倍，工程施工引起的固结沉降发展较快、范围较广，容易引发工程安全事故。

（2）二元结构特征明显，软土分布不均，厚度变化较大

南京漫滩地层是典型的漫滩冲积淤积二元结构地层，上部主要是软—流塑软土层，下部主要是中密—密实的粉土粉砂层。竖向沉积物土颗粒呈现自上而下由细变粗的变化规律。在土层竖向分布上大致为：表层填土→漫滩相沉积淤泥质粉质黏土→淤泥质粉质黏土与粉土、粉砂互层→漫滩相沉积中密—密实粉细砂→河床底部沉积中粗砂和混卵砾石→下伏基岩。以南京地铁 9 号线汉中门大街站址范围内的土层为例，某典型钻孔土层分布及物理力学参数见表 2.2-1、表 2.2-2（引自《南京地铁 9 号线一期工程 D9-XK02 标汉中门大街站岩

土工程详细勘察报告》，2019）。

南京汉中门大街站某钻孔土层分布表　　　　　　　　表 2.2-1

时代	成因	编号及名称	层号含义	标贯修正值N	分布范围、特征
Q_4^{ml}	堆填	①杂填土	填土	4.4	地面表层、松散、不均质
Q_4^{2-3}	冲积淤积	②$_1$粉质黏土	漫滩硬壳层，局部夹软黏土	6.2	漫滩区浅部，厚度1~3m，以黏性土为主，可—软塑，局部夹粉土、粉砂和软黏性土
		②$_2$淤泥质粉质黏土	漫滩上部淤泥质土	3.4	漫滩范围，厚度较大，5~30m不均匀，流塑，夹软塑粉质黏土和薄层粉土、砂土
		②$_3$粉质黏土夹粉土或粉砂	漫滩上部软土、粉土	6.5	漫滩中部，厚度不等，黏性土流—软塑为主，粉土、粉砂稍—中密为主，呈互层状
		②$_4$粉细砂	漫滩中上部粉细砂	15.4	河道中下部，中密状，石英颗粒，局部夹粉土、低塑性黏性土薄层，具水平层理
		②$_5$粉细砂	漫滩下部粉细砂	23.9	河道下部，分布不均、厚度不等，密实状，局部夹粉土、低塑性黏性土薄层
Q_4^{1-2}	冲积	③$_1$混合土	漫滩底部中粗砂、混卵砾石	29.3	河道底部，砂土为中密—密实，卵砾石含量不均，厚度不均匀，但整体厚度不大
白垩系	沉积岩	K$_2$P下伏基岩	粉砂质泥岩、泥质粉砂岩	—	河道底部下伏基岩，强风化、中风化状态，埋深60m以下

南京汉中门大街站某钻孔土层物理力学参数表　　　　　　表 2.2-2

编号及名称	含水率/%	重度/(kN/m³)	孔隙比	液限/%	塑限/%	直剪固快 c_{cq}/kPa	直剪固快 φ/°	压缩模量/MPa	渗透系数/(10⁻⁶cm/s)
①$_1$杂填土	30.6	18.7	0.90	33.5	20.5	5	15	4.3	500
②$_1$粉质黏土	32.6	18.9	0.87	32.5	19.4	13.3	12.5	5.0	10
②$_2$淤泥质粉质黏土	41.9	17.8	1.12	35.8	21.3	12.2	12.1	3.2	15
②$_3$粉质黏土夹粉土或粉砂	34.1	18.2	0.98	33.2	20.1	13.0	12.9	3.9	100
②$_4$粉细砂	28.2	19.3	0.72	—	—	3.9	30.7	10.2	20000
②$_5$粉细砂	25.5	19.4	0.71	—	—	3.0	32.0	11.2	20000

从表2.2-1给出的各土层分布范围可看出，上部淤泥质粉质黏土层分布广泛，但由于漫滩相地层属于非均匀沉积土层，因此，其厚度变化也很大。结合地铁线性工程的走向，地铁线路在漫滩地层的上部和下部土层穿越，地铁结构基底下方软土层厚度变化剧烈，参见图2.2-2，图中所示的南京地铁9号线中保（龙江）站—汉中门大街站三站区间范围内，淤泥质土层厚度从5~45m变化很大，对应的地铁隧道下方软土层的厚度从0~20m变化也非常大。

另外，从表2.2-2给出的各土层物理力学参数来看，②$_2$淤泥质粉质黏土层含水率高，孔隙比大，压缩模量小，黏聚力和内摩擦角数值均较小，是非常典型的软弱土层，漫滩上部的②$_3$粉质黏土夹粉土或粉砂土层的工程性质也较差，而漫滩中部和下部的②$_4$粉细砂、②$_5$粉细砂则表现出良好的工程地质特性。因此在区域沉降、内外部因素作用下，地铁隧道在穿越不同土层时，沿纵向容易发生不均匀沉降等各种病害。

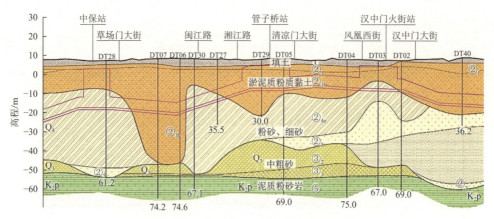

图 2.2-2 南京地铁 9 号线部分区间隧道穿越地层剖面示意图

2.3 漫滩地层中地铁隧道变形影响因素分析

2.3.1 南京地铁漫滩地层区段变形分析

南京地铁 2 号线河西段南起油坊桥站（地面站），自南向北沿地下敷设，在水西门大街折向东，共设 7 座地下站、6 个地下区间和 1 个出地面的 U 形槽敞口段。本次重点研究油坊桥敞口段—云锦路站 6 个区间隧道的结构变形情况。油坊桥敞口段—云锦路站区间地质纵剖面如图 2.3-1 所示。

从图 2.3-1 可以看出，本段各区间隧道主要在软土（淤泥质粉质黏土或软—流塑粉质黏土）中穿行，局部位于粉土粉砂层。本区段上部分布着非常厚的软土，且其厚度在每个隧道区间范围内都有较大幅度的变化，即隧道下卧软土层厚度变化剧烈。

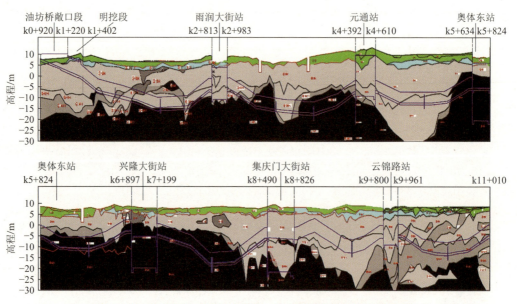

图 2.3-1 南京地铁 2 号线油坊桥—云锦路站区间地质纵剖面图

第 2 章 漫滩地层中地铁隧道变形特征及影响因素分析

图 2.3-2 是南京地铁 2 号线河西段（2020 年）结构垂直位移监测数据曲线。从曲线中看出，每段地铁区间均存在 1 个或多个沉降槽，油坊桥敞开段明挖区间结构（U 形槽）最大沉降约 295mm，地铁盾构隧道最大沉降发生在坊桥敞口段—雨润大街站区间，数值约175mm。

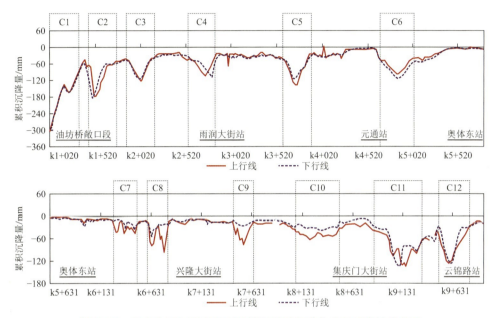

图 2.3-2　南京地铁 2 号线河西段结构累计沉降曲线及沉降槽分布图

结合本区段的沉降槽位置，沿线调查了自 2010 年至今地铁周边的地块开发施工活动，并查阅了关于本地区区域沉降的地质报告和相关文献（张涛等，2017；朱邦彦等，2020），列出了每个沉降槽的最大沉降数值及沉降原因初步分析，详见表 2.3-1。

南京地铁 2 号线河西段结构沉降槽分析表　　表 2.3-1

序号	沉降槽位置	最大沉降/mm	所在土层	初步原因分析
C1	油坊桥站—雨润大街站区间	295	基底下软土厚度 10~15m	区域地面沉降大；U 形槽结构，结构埋深浅，工后沉降较大；周边建施工活动较多
C2		175	基底下软土厚度 1~8m，变化剧烈	区域地面沉降较大；地质条件差，且基底下软土厚度变化大；周边建施工活动较多
C3		121	基底下软土厚度 0~8m，变化剧烈	地质条件差，基底下软土厚度变化大；周边施工较多，雨润大街站附近大面积地块开发
C4		103		
C5	雨润大街站—元通站区间	134	基底下软土厚度 0~5m，变化剧烈	软土层最厚处约 27m，基底下软土厚度变化大；周边施工多，金融城深大基坑影响很大
C6	元通站—奥体东站区间	114	基底下软土厚度 10~15m，变化大	软土层最厚处约 40m，基底下软土厚度变化大；周边大面积开发，元通站施工时发生流砂事故、地面塌陷，导致隧道周围土体扰动
C7	奥体东站—兴隆大街站区间	45	隧道主要位于粉细砂地层中	周边大面积开发，中核华兴、紫鑫中华广场三期等深大基坑悬挂式止水，需降承压水
C8		96		
C9	兴隆大街站—集庆门大街站区间	77	隧道主要位于粉细砂地层中	周边建筑活动较多
C10		63	基底下软土厚度 2~12m，变化剧烈	周边建筑活动较多，河西金鹰深大基坑和隧道上方地下过街通道施工对地铁影响较大

续表

序号	沉降槽位置	最大沉降/mm	所在土层	初步原因分析
C11	集庆门大街站—云锦路站区间	134	基底下软土厚度5~15m，变化剧烈	区域地面沉降很大；地质条件差，且软土厚度剧烈变化；部分区间位于小曲率半径上；隧道上方地下通道施工对地铁影响较大
C12		127		

2.3.2 各因素对隧道变形影响的初步分析

南京漫滩地层中地铁隧道的长期变形及病害较其他城市的软土地层更严重，出现了较为严重的不均匀沉降、收敛变形、开裂、崩角掉块、道床脱空等病害。究其原因是多方面的，是多种影响因素互相叠加的结果，其中最主要的因素是工程地质和周边建筑活动的影响，其次是区域沉降、地铁列车运营振动和结构渗漏水等因素的影响。其中漫滩地层的工程地质特性及其对地铁结构的影响已在前文进行了分析，下面结合南京地铁2号线河西漫滩地层中的隧道变形现状和特征，主要分析区域地面沉降、地铁运营振动、周边建筑活动和渗漏水对地铁长期变形的影响。

（1）区域地质沉降影响

南京自2005年开始对河西地区进行系统性的高等级水准地面沉降监测。监测结果表明，南京河西漫滩地区累积沉降量超过200mm的区域占了全区约55.7%，总面积达到约34km^2（张涛等，2017；朱邦彦等，2020）。南京河西地区地面沉降发生的短期原因是建筑施工扰动和基坑降水等建设活动，长期原因是大面积高密度建成的建筑物荷载下浅层地基压缩固结引起的塑性变形。图2.3-3为河西地区已运营的2、10号线沿线地面沉降分布图。

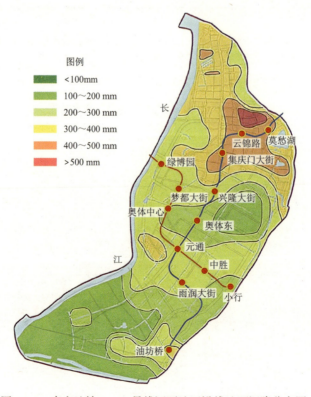

图 2.3-3　南京地铁 2、10 号线河西地区沿线地面沉降分布图

从图 2.3-3 可看出，除了建设开发较晚的河西南部鱼嘴地区，其余区域地面沉降普遍超过 100mm。油坊桥区域、国际博览中心附近、集庆门大街—龙江地区是地面沉降较为严重的区域，普遍在 300~500mm。朱邦彦等（2020）研究认为，南京河西地区地面以下 16m 深度范围内的地层沉降量约占地面总沉降的 84%。一般认为只有在地铁结构下方发生的区域沉降才会直接影响到地铁隧道的变形，如果区域沉降发生在地铁隧道上方，其对隧道影响很小。而地铁盾构隧道底部埋深普遍在地面以下 16m，地铁敞口段和明挖浅埋段结构底部埋深一般在 1~10m，更易受到区域地面沉降的剧烈影响。此外，地面沉降超过 400mm 的区域，其地层深部沉降数值也会较大，会对埋深超过 16m 的盾构隧道产生较大影响。因此，这就很好地解释了油坊桥敞口段和明挖段的沉降数值全线最大，而集庆门大街站—云锦路站区间在周边没有较多建筑活动的影响下，其依然产生了两个沉降槽，且其沉降量仅次于坊桥敞口段—雨润大街站区间。

总体上，地铁埋深越浅（≤16m），受区域地面沉降越大；地铁穿越的软土层越厚，受区域沉降的影响越大。当地铁在粉土粉砂地层中穿越，且隧底埋深大于 16m 时，其受区域地面沉降的影响较小。

（2）地铁运营振动影响

地铁隧道长期沉降发展过程中，列车振动荷载是伴其一生的影响因素。虽然列车一次振动荷载在隧道结构和土体中引起的附加应力很小，短时间内产生的附加位移也很小，但是在列车运行长期循环荷载作用下，隧道周围土层产生的累积塑性变形和超孔隙水压力消散引起的固结沉降是不容忽视的。

为初步分析地铁运营振动对其沉降的影响，可以进一步探究图 2.3-2 所反映的规律。图 2.3-2 为地铁结构相对于运营初期的累计沉降曲线。所谓运营初期是指地铁建成后试运行 3 个月时的节点，一般这个时间节点相对于盾构隧道施工完成已经过去 1.5~2 年，可以认为盾构施工扰动引起的地层固结沉降已经基本完成。2 号线在 2010 年投入运营时，奥体东站周边均为建成区，之后基本无较大的工程建设活动。本段区间位于直线段，施工质量较好，也基本无渗漏水病害。再结合前文的图 2.3-3 和区域地面沉降分析，可以认为本区段区域地面沉降对地铁结构（隧道底部埋深 15~22m）沉降的影响也很小。因此，本区段的隧道沉降可认为主要是由地铁运营振动引起的。

奥体东站向南 452m 的区间隧道（桩号 k5+180~k5+632）沉降历时曲线如图 2.3-4 所示。本区段 k5+180~k5+400 范围内隧道基底为软土，k5+400~k5+632 范围内地铁隧道基底为粉细砂，且随着里程桩号的增加，软土层厚度减少，粉细砂层厚度增大，地质纵剖面如图 2.3-1 所示。

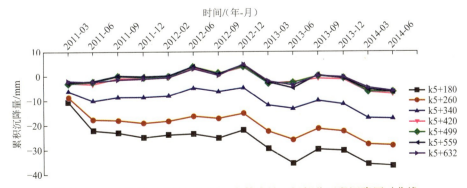

图 2.3-4　南京地铁 2 号线元通站—奥体东站区间部分区段沉降历时曲线

从图 2.3-4 可看出：①k5+180、k5+260、k5+340 三个桩号处隧道下卧土层为软土，且厚度由大变小，累积沉降量分别约为 36.6mm、28.4mm、17.5mm。k5+420、k5+499、k5+559、k5+632 四个桩号处隧道下卧土层为粉细砂，累积沉降量历时曲线基本一致，最大沉降约为 7.4mm。②地铁运营振动荷载产生的沉降量值不大，但不同地层中的沉降数值差异较大；隧道基底下方软土层越厚，运营振动引起的沉降越大。③进一步分析可知，地铁 2 号线自 2010 年 4 月试运行至 2011 年 6 月，在 1 年多的运营时间内隧道沉降快速发展，软土层中第 1 年的沉降量占到 5 年（2010 年 4 月～2014 年 6 月）总沉降量的 58%～63%，粉细砂层中第 1 年的沉降量占到 5 年总沉降量的 36%～45%；随后地铁沉降趋于稳定，并缓慢增长。说明地铁运营振动引起的隧道沉降主要发生在运营初期。在后续的深入研究中会重点分析地铁运营振动对隧道及下方土体长期沉降的影响机理和规律，详见本书第 4 章内容。

（3）周边工程活动影响

结合南京地铁 2 号线河西段变形现状（图 2.3-2）及沉降槽产生原因分析（表 2.3-1），初步判断大部分地铁区间隧道（集庆门大街站—云锦路站区间除外）产生较大沉降的主要原因是地铁周边大规模、高强度的建筑工程活动。临近地铁结构进行基坑开挖、地基处理、高层建筑及桩基施工、群井降承压水、市政路桥隧及地下管线施工、上方堆卸土、河道水利施工等作业都会对地铁结构变形产生影响，在漫滩地层中还会放大此类影响。上述建筑活动类型中，基坑开挖和降水是对地铁结构变形影响最普遍、最严重的，而且 2 号线河西段周边的基坑呈现"深、大、近、险、难"的特点。下面针对金融城基坑工程对南京地铁 2 号线雨润大街站—元通站区间隧道的影响进行分析。

南京金融城基坑分东西两个基坑，分别平行于雨润大街站—元通站区间两侧，距隧道净距均为 15m，两个基坑深度 20～22m，开挖面积分别为 1.13 万 m^2、4.68 万 m^2，止水帷幕进入基岩隔断承压水层，基坑与地铁隧道平剖面关系和地质剖面见图 2.3-5。

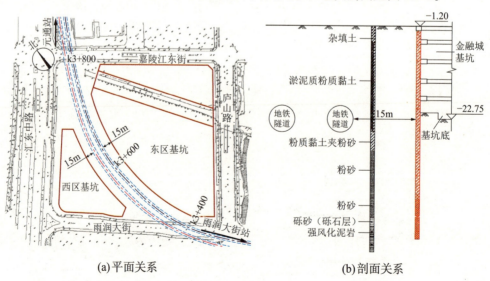

(a) 平面关系　　(b) 剖面关系

图 2.3-5　金融城基坑与地铁 2 号线雨润大街站—元通站区间关系图

邻近金融城基坑的地铁隧道里程桩号为 k3+400～k3+740。金融城基坑施工结束后引起的邻近地铁隧道累积变形如图 2.3-6 所示。从图 2.3-5～图 2.3-6 中可以看出，隧道位于漫滩地层上部的深厚软土层中，基坑开挖深度接近与隧道底埋深，且两者净距仅有 15m，基坑施工导致地铁隧道形成了长约 340m，沉降差超过 100mm 的沉降槽，最大累积沉降量约 118mm，曲率半径约 10270m。

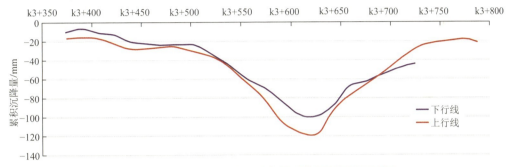

图 2.3-6　金融城基坑施工引起的地铁隧道累计沉降图

详细调研地铁 2 号线河西段的较大沉降槽，几乎每个沉降槽附近都对应一个或是几个深大基坑工程施工。因此，基于地铁结构的安全保护，应十分重视地铁周边各类建筑活动，尤其是基坑工程。在后续研究中重点对基坑开挖卸载和群井降水对临近隧道变形的影响进行深入研究，详见本书第 5、6 章内容。

（4）结构渗漏水影响

地铁隧道长期渗漏水会引起土体中孔隙水压力降低，有效应力增加，产生固结沉降，严重时会导致地层和隧道本身发生较大沉降。盾构隧道的渗漏一般发生在管片的环缝、纵缝、管片破碎处、注浆孔和联络通道部位，其中环缝、纵缝等接缝处的渗水量一般约占总渗水量的 80% 以上。当隧道发生较大不均匀沉降时，会增大接缝处的张开量，进而加剧渗漏的发生。南京地铁 2 号线河西段隧道渗漏水情况见图 2.3-7。

(a) 纵缝、环缝渗漏水

(b) 螺栓孔、注浆孔渗漏水

图 2.3-7　南京地铁 2 号线河西段隧道渗漏水实景

吴怀娜等（2009）按照盾构隧道平均渗漏量 $0.1L/(m^2 \cdot d)$ 计算了上海软土中隧道运营 10 年后的沉降量约为 40mm；刘印等（2013）基于同样的渗漏量标准，计算得到隧道拱腰及以上部位渗漏时，长期渗漏沉降约 25mm，隧道底部渗漏时，沉降约 42mm。南京地铁盾构隧道防水等级为二级，按照《地铁设计规范》GB 50157—2013 "隧道平均渗漏量不应大于 0.05L/(m²·d)，任意 100m² 面积区域内的渗漏量不应大于 0.15L/(m²·d)" 标准进行防水控制，这个标准比上述学者（吴怀娜等，2009；刘印等，2013）的研究标准严格了一倍。因此可以初步判定，在南京地铁防水标准满足规范要求前提下，其长期渗漏引起的隧道沉降数值一般不会超过 40mm。

根据南京地铁集团有限公司的相关科研成果表明，南京河西地区地铁盾构隧道长期渗漏引起的最大沉降约 18mm，大部分地段在 12mm 以内。隧道所处的地层中淤泥质粉质黏土层越厚，其渗漏引起的长期沉降量越大，地铁 2 号线河西段的渗漏长期沉降预测曲线见图 2.3-8。

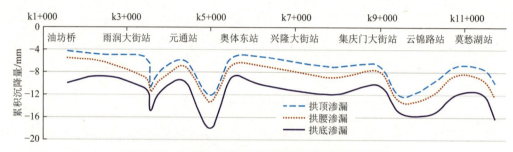

图 2.3-8　渗漏水引起的地铁隧道长期沉降预测曲线

经作者对南京地铁 2 号线河西段实地调查，发现隧道内部发生渗漏的区域大都以表面湿渍为主，基本没有线流和渗漏泥砂的现象，个别地段湿渍面积较大或有线流时，也及时进行了注浆止水等措施。因此，渗漏水不是引起南京漫滩地区隧道长期沉降的主要因素，本书在后续的深入研究中不再考虑渗漏水影响因素。

2.4　本章小结

本章总结了南京地铁沿线工程地质及地貌单元分布，结合地铁 1、2 号线的长期变形监测数据分析了各地貌单元中地铁变形特征及其差异；重点针对漫滩地层成因及其对地铁隧道变形的影响进行了分析；结合地铁 2 号线河西段的沉降监测数据，初步分析了区域地面沉降、列车振动荷载、周边工程建设和渗漏水等因素的影响规律。

南京秦淮河河谷地区（非古秦淮河漫滩区）、低山丘陵区和岗地区的地铁结构长期沉降较稳定，基本都在 20mm 以内，结构病害也较少。南京河西漫滩地区地铁隧道沉降是非漫滩区隧道沉降的 2～9 倍，且绝大部分较大的沉降槽均位于漫滩地层中。

总体来说，由于南京地铁隧道渗漏水不严重，多以湿渍和少量渗水为主，个别地段漏水也会得到及时治理，因此，渗漏水不是引起南京地铁隧道沉降的主要因素。区域地面沉降对浅层地下结构的长期沉降影响较大，对埋深大于 16m 的地铁隧道沉降影响较小。物理力学性质较差的漫滩地层和周边建筑工程活动是引起南京漫滩地层中地铁长期沉降的主要因素，地铁运营振动荷载也会加剧隧道的长期沉降。因此，本书后续重点探究漫滩二元地层的工程地质特性、地铁运营振动、基坑开挖卸载和群井降水等因素对隧道长期变形的影响机理和理论计算方法。

第 3 章

漫滩二元地层土体动力特性室内试验

第 3 章　漫滩二元地层土体动力特性室内试验

基于本书前述研究表明，漫滩二元结构地层的工程地质成因及其物理力学特性是地铁隧道长期沉降的主要原因。因此，为研究列车振动荷载下漫滩二元地层土体的特性，分析其长期沉降演化机理，预测累积塑性变形，为解决因地铁振动产生的沉降等病害问题提供理论依据，非常有必要进行循环荷载作用下的土体动力特性室内试验研究。

本章为探究列车循环荷载作用下漫滩二元结构地层的变形特性，通过现场取样，并对淤泥质粉质黏土和粉细砂进行室内动三轴试验，研究不同荷载幅值、固结围压对土体的动应变、动孔隙水压力、动模量和阻尼比的影响规律，并计算得到相关土体动力学特性参数。

3.1 室内动三轴试验方案

本试验采用英国 GDS 动三轴仪模拟列车振动荷载作用下淤泥质粉质黏土和粉细砂的动力特性。根据地铁运行的监测数据，确定室内动三轴试验相关参数。在研究区域内现场取样，根据淤泥质粉质黏土和粉细砂土体的埋深及浮重度参数指标，在动三轴试验的固结阶段中设置固结围压对试样进行等向固结，根据地铁运行的现场实测数据，确定动应力幅值和振动频率。根据土体轴向应变变化设置循环加载次数为 0~5000 次，加载采用正弦波。通过不同试验参数变量的控制和组合，模拟土层不同深度处列车振动荷载的传递差异对土体的影响及作用。

动三轴试验方案的参数如表 3.1-1 所示，本试验对淤泥质粉质黏土和粉细砂分别进行 9 组试验，共计 18 组试验，组序如表 3.1-2 所示，其中第 1~9 组为淤泥质粉质黏土试样，第 10~18 组为粉细砂试样。

室内动三轴试验参数　　　　　　　　　　　　　　　　　表 3.1-1

荷载幅值q_d/kPa	固结围压σ_c/kPa	振动频率f/Hz	K_0	振动次数N	材料类型
2、6、10	120、150、200	0.75	1.0	0~5000	淤泥质粉质黏土、粉细砂

南京河西中部分布着广泛的漫滩二元地层，因此，本次试验在南京河西中部的中胜站（地铁 7、10 号线换乘车站）附近取原状土，自上而下分别取淤泥质粉质黏土及粉细砂土样。淤泥质粉质黏土的取样深度为 8.9~10.6m，粉细砂土的取样深度为 21.1~28.6m。

试验时，淤泥质粉质黏土采用切削原状土制样，粉细砂采用控制天然密度法制样，控制密度为 1.88g/cm³。GDS 试验设备室内制备试样如图 3.1-1 所示。试验土体的基本物理力学指标如表 3.1-3 所示。

动三轴试验组序　　　　　　　　　　　　　　　　　表 3.1-2

序号	取样深度/m	固结围压σ_c/kPa	荷载幅值q_d/kPa
1	8.9~9.4	120	2
2	9.4~9.9	120	6
3	9.6~10.1	120	10
4	8.9~9.4	150	2
5	10.1~10.6	150	6

续表

序号	取样深度/m	固结围压σ_c/kPa	荷载幅值q_d/kPa
6	10.1~10.6	150	10
7	9.6~10.1	200	2
8	9.6~10.1	200	6
9	9.6~10.1	200	10
10	21.1~21.3	120	2
11	21.1~21.3	120	6
12	21.4~21.6	120	10
13	21.1~21.3	150	2
14	21.4~21.6	150	6
15	28.4~28.6	150	10
16	26.3~26.5	200	2
17	22.1~22.3	200	6
18	28.1~28.3	200	10

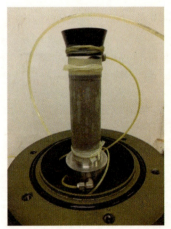

图3.1-1　实验室制备的试样及GDS动三轴仪

试验土体的基本物理力学指标　　　　表3.1-3

	含水率w/%	湿密度ρ_0/(g/cm³)	干密度ρ_d/(g/cm³)	孔隙比e	塑限w_P/%	液限w_L/%
淤泥质粉质	45.30	1.74	1.20	1.28	19.28	34.88
黏土粉细砂	35.54	1.88	1.39	0.92	—	—

3.2 土体动三轴试验结果分析

为探究列车振动荷载下不同深度处的土体受不同动应力幅值作用的变形特征，对试验数据进行整理，重点研究荷载幅值和固结围压对漫滩二元结构土层的动应变、动孔隙水压力、动剪切模量和阻尼比的影响规律。

3.2.1 振动荷载下淤泥质土的动力特性

1. 淤泥质土动应变发展规律

首先对试验取得的原始数据进行筛选，得到有效数据后，绘制循环加载次数与土样累积应变之间的关系曲线，如图 3.2-1 所示。

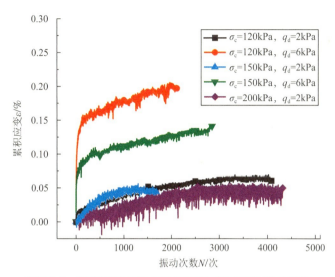

图 3.2-1 淤泥质粉质黏土累积应变与振动次数关系曲线

各组试验中，第 3、6、8、9 组试验的淤泥质粉质黏土试样随循环加载次数的增加，在较小循环振动次数（小于 100 次）内累积应变迅速发展，接近或达到 5% 的破坏状态。表明在此试验条件下，土样无法承受相应的循环加载作用。因此，在后续对于孔隙水压力和动剪切模量随振动次数发展的分析中，这几组试验不再参与讨论。从图 3.2-1 分析可以得到：

（1）在各固结围压条件下，随着循环加载次数的增加，淤泥质粉质黏土试样的累积应变持续增长，且增速先快后慢，最终趋于平稳，并进入稳定状态。当振动为 500 次时，其累积应变占到试验得到的总累积应变的 50%～85%，说明循环荷载作用下的早期应变发展迅速。

（2）当动应力幅值为 2kPa 时，各组淤泥质粉质黏土试样在三种不同固结围压下均呈现逐渐趋稳的状态，且应变的累积发展较少，累积应变数值均未超过 0.07%。

（3）在相同的固结围压下，动应力幅值与淤泥质粉质黏土试样的累积应变成正相关性。例如第 1、2 组试样，动应力幅值由 2kPa 增大到 6kPa 时，试验得到的累积应变由 0.06% 增大至 0.21%，增长了约 2.5 倍；第 4、5 组试样，动应力幅值由 2kPa 增大到 6kPa 时，试验得到的累积应变由 0.045% 增大至 0.146%，增长了约 2.2 倍。

（4）本次试验所用淤泥质粉质黏土试样在试验过程中难以承受幅值达到 10kPa 的动应力作用，在试验过程中很快达到破坏状态。

2. 淤泥质土孔隙水压力发展规律

淤泥质粉质黏土试样孔隙水压力与循环加载次数之间的关系曲线如图 3.2-2 所示。

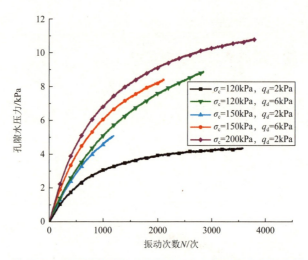

图 3.2-2 淤泥质粉质黏土孔隙水压力与振动次数关系曲线

由图 3.2-2 分析可以得到：

（1）随着循环荷载振动次数增加，淤泥质粉质黏土试样中的孔隙水压力逐渐上升，上升速度先快后慢，在试样逐渐压密后，孔隙水压力呈缓慢发展的趋势，最终趋于稳定。

（2）固结围压相同时，动应力幅值越大，淤泥质粉质黏土试样累积孔隙水压力越大。且随着动应力幅值的增大，土样的孔隙水压力随振动次数的增长速度更快，稳定所需的时间也更长。

（3）动应力幅值相同时，固结围压越大，土样的累积孔隙水压力越大。

3. 淤泥质土动剪切模量发展规律

根据试验所得数据中的剪切应力及应变计算，做出淤泥质粉质黏土试样动剪切模量与循环加载次数之间的关系曲线，如图 3.2-3 所示。

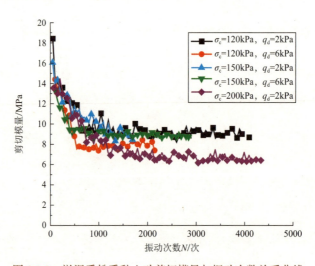

图 3.2-3 淤泥质粉质黏土动剪切模量与振动次数关系曲线

由图 3.2-3 分析可以得到：

（1）当动应力幅值为 2kPa 时，淤泥质粉质黏土的动剪切模量在循环振动作用下逐渐减小，在振动次数达到 1000 次后基本趋于稳定，但衰减程度达到 40%左右。动应力幅值为 6kPa 时，淤泥质粉质黏土的动剪切模量在循环振动作用下快速减小，并很快达到稳定状态。

（2）当动应力幅值为 2kPa 时，随着振动次数的增加，淤泥质粉质黏土试样的动剪切模量最终衰减稳定至 6~10MPa；当动应力幅值为 6kPa 时，在循环振动荷载下，试样的动剪切模量稳定至 8~9MPa。随着振动次数增长并超过 1500 次后，各围压和振幅作用下的试样动剪切模量也逐渐趋于一致。

3.2.2 振动荷载下粉细砂的动力特性

1. 粉细砂动应变发展规律

对于固结围压为 200kPa 的 16~18 三组试样，由于试验设备长时间工作导致部分设备零件有所损伤，为保护试验装置，故将振动次数减少至 2000 次，也导致部分试验数据未呈现收敛趋势。

提取有效数据后，绘制循环加载次数与粉细砂土样累积应变之间的关系曲线，如图 3.2-4 所示。

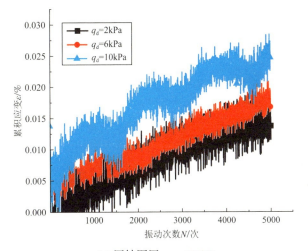

(a) 固结围压 σ_c = 120kPa

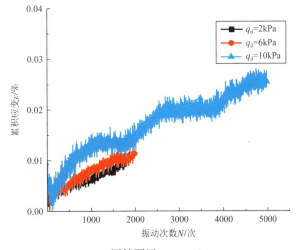

(b) 固结围压 σ_c = 150kPa

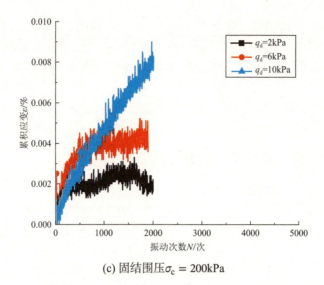

(c) 固结围压 $\sigma_c = 200\text{kPa}$

图 3.2-4　粉细砂累积应变与振动次数关系曲线

由图 3.2-4 分析可以得到：

（1）随着循环加载次数的增加，粉细砂试样的累积应变持续增长，但总累积变形与淤泥质粉质黏土试样相比非常小。例如，在相同的固结围压 120kPa 和动应力幅值 2kPa 作用下，淤泥质粉质黏土试样的累积应变值约为 0.06%，而粉细砂试样的累积应变值约为 0.016%，后者仅为前者的 26.7%。

（2）随着固结围压的增加，粉细砂土样累积应变值总体上呈减小的趋势。

（3）当固结围压为 120kPa 和 150kPa 时，不同动应力幅值下的试样累积应变-振动次数曲线发展规律基本相近，在数值上也相差不大。相比淤泥质土试样，粉细砂土试样对循环荷载的承受能力大幅提高。即使动应力幅值达到 10kPa，粉细砂土样也未破坏。

2. 粉细砂孔隙水压力发展规律

粉细砂试样孔隙水压力与循环加载次数之间的关系曲线，如图 3.2-5 所示。

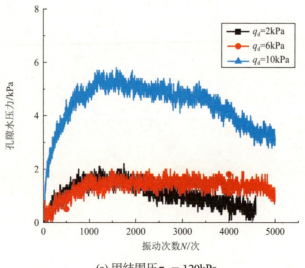

(a) 固结围压 $\sigma_c = 120\text{kPa}$

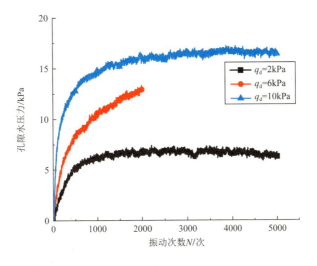

(b) 固结围压 $\sigma_c = 150\text{kPa}$

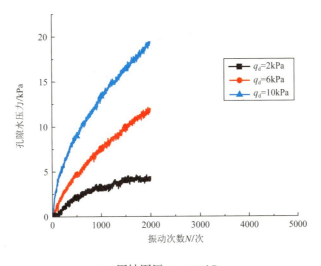

(c) 固结围压 $\sigma_c = 200\text{kPa}$

图 3.2-5　粉细砂孔隙水压力与振动次数关系曲线

由图 3.2-5 分析可以得到：

（1）不考虑振动次数仅为 2000 次的 16～18 三组试样，随着循环荷载振动次数增加，粉细砂试样中的孔隙水压力在短时间内快速上升，而后基本趋于稳定。

（2）对于固结围压为 200kPa，动应力幅值为 6kPa、10kPa 的两组试样，由于振动次数仅为 2000 次，因此试验数据未呈现收敛趋势。

（3）固结围压相同时，动应力幅值越大，粉细砂试样产生的累积孔隙水压力越大。

（4）动应力幅值相同时，固结围压越大，粉细砂试样的累积孔隙水压力越大，达到稳定状态所需要的时间越长。随着动应力幅值的增大，粉细砂试样的孔隙水压力也在增大。

（5）对于承受较小围压（本试验为$\sigma_c = 120\text{kPa}$）的试样，粉细砂试样表现出剪胀特性；对于承受较大围压（本试验为$\sigma_c = 200\text{kPa}$）的试样，粉细砂试样表现出剪缩特性。

3. 粉细砂动剪切模量发展规律

根据试验所得的剪切应力及应变数据计算，做出粉细砂试样动剪切模量与循环加载次数之间的关系曲线，如图 3.2-6 所示。

由图 3.2-6 分析可以得到：

（1）粉细砂试样在循环振动荷载作用下，动剪切模量数值随振动次数增加变化较小，基本保持稳定。

（2）固结围压一定时，动应力幅值越大，粉细砂试样的动剪切模量越小。

（3）动应力幅值一定时，固结围压越大，粉细砂试样的动剪切模量越大。

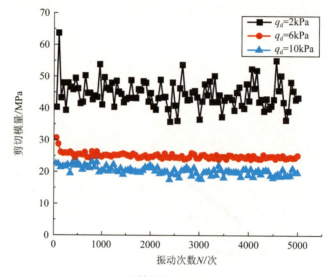

(a) 固结围压 $\sigma_c = 120\text{kPa}$

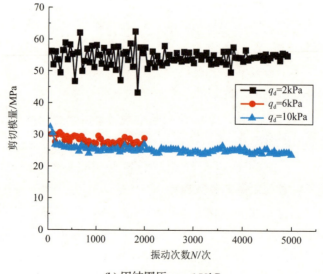

(b) 固结围压 $\sigma_c = 150\text{kPa}$

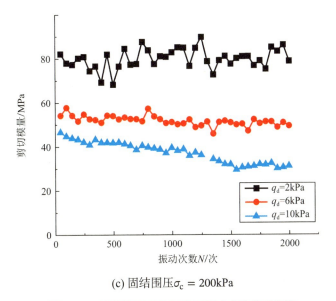

(c) 固结围压 $\sigma_c = 200$ kPa

图 3.2-6　粉细砂动剪切模量与振动次数关系曲线

3.2.3　土体阻尼比特性分析

土的阻尼比反映了因土体内部阻力导致动能损失的性质，是动荷载下动应力-应变关系滞回圈表现出的滞后性。阻尼比与能量损失系数 ψ 之间的关系为：

$$\lambda = \frac{\psi}{4\pi} = \frac{1}{4\pi}\frac{\Delta W}{W} \tag{3.2-1}$$

式中：ΔW——一个周期内的能量损耗；

$\quad\quad W$——一个周期内作用的总能量；

$\quad\quad \psi$——能量损失系数，$\psi = \Delta W/W$。

对黏弹性土体而言，由于弹性力的能量损耗等于零，故一个周期内土体作用力能量的损耗等于阻尼力所做的功，即：

$$\begin{aligned}\Delta W &= \int_0^{\varepsilon_d} c\dot{\varepsilon}\, d\varepsilon = \int_0^T \frac{c\dot{\varepsilon}\, d\varepsilon}{dt}\, dt = \int_0^T c\dot{\varepsilon}^2\, dt \\ &= \int_0^T c\omega^2\varepsilon_d^2\cos^2(\omega t - \delta)\, dt = \pi c\omega\varepsilon_d^2\end{aligned} \tag{3.2-2}$$

式中：δ——对数减幅系数，$\varepsilon = \varepsilon_d \sin(\omega t - \delta)$。

将土体滞回圈围合的面积 A_0 近似的代表黏弹性体在一个周期内的能量损耗 ΔW，即：

$$A_0 = \Delta W = \pi c\omega\varepsilon_d^2 \tag{3.2-3}$$

一个周期内动荷载所存储的总能量为：

$$W = \frac{1}{2}\tau_d\gamma_d \tag{3.2-4}$$

如图 3.2-7 所示，一个周期内的总能量等于由原点到最大幅值点 $A(\gamma_d, \tau_d)$ 连线下的三角形面积 A_T，所以阻尼比可表示为：

$$\lambda = \frac{1}{4\pi} \times \frac{\text{滞回圈的面积}}{\triangle \text{OAB 的面积}} = \frac{1}{4\pi}\frac{A_0}{A_T} \tag{3.2-5}$$

上式为动三轴试验中确定土体阻尼比的基本关系式。求出任意一周的阻尼比，即可作出土体阻尼比与动剪应变的关系曲线，如图 3.2-7 所示。

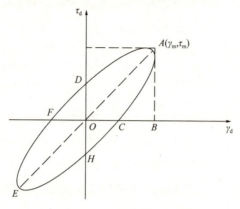

图 3.2-7 土体滞回圈与阻尼比

根据以上计算公式，以粉细砂试样在固结围压为 120kPa、动应力幅值为 6kPa 条件下的试验数据为例，其滞回圈曲线如图 3.2-8 所示。

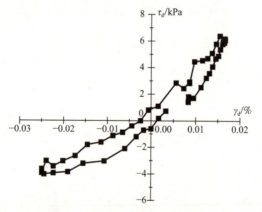

图 3.2-8 粉细砂某试样滞回圈曲线

（1）淤泥质粉质黏土阻尼比特性

根据淤泥质粉质黏土动三轴试验数据，得到动应变与阻尼比之间的关系，如图 3.2-9 所示。计算结果表明，淤泥质土试样的阻尼比随着动应力幅值和动应变的增加而增大，随着固结围压增大而略有降低，土样阻尼比值总体上均小于 0.04。

（2）粉细砂阻尼比特性

根据粉细砂动三轴试验数据，得到粉细砂动应变与阻尼比之间的变化关系，如图 3.2-10 所示。计算结果表明，在不同固结围压条件下，粉细砂土样的阻尼比在整个加载过程中，随着动应变的增加变化很小，即动荷载加载过程中，粉细砂土能量损耗基本一致，粉细砂土体的结构未随动荷载发生较大的变化；但随着动应力幅值增加，粉细砂的阻尼比也相应增大，即动应力幅值越大，导致粉细砂土能量损耗越大。

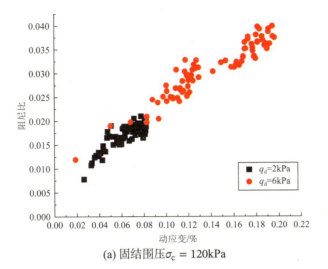
(a) 固结围压$\sigma_c = 120$kPa

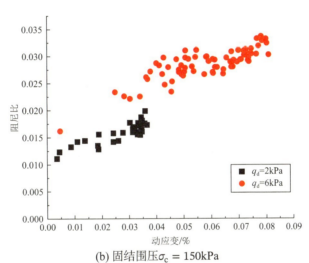
(b) 固结围压$\sigma_c = 150$kPa

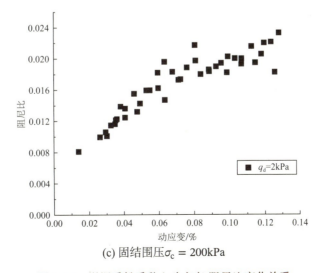
(c) 固结围压$\sigma_c = 200$kPa

图 3.2-9 淤泥质粉质黏土动应变-阻尼比变化关系

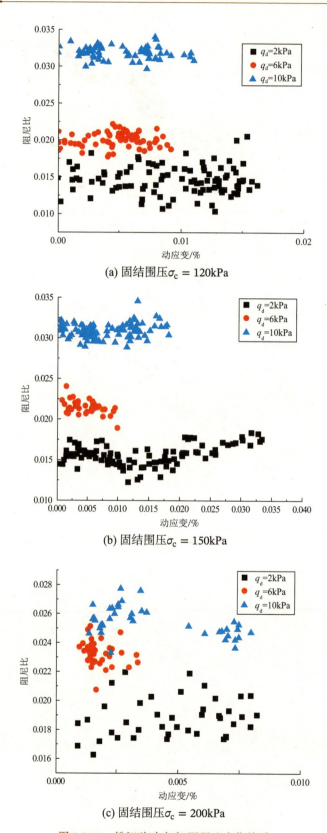

图 3.2-10 粉细砂动应变-阻尼比变化关系

3.3 振动荷载下土体累积变形经验公式及参数拟合

本书在第 4 章会重点研究列车振动荷载下漫滩二元地层及隧道的长期沉降，沉降计算过程会用到振动荷载作用下土体累积变形显式经验公式。不同土体其累积变形显式经验公式的参数是不同的，本节重点探讨显式经验公式的表达方式和参数取值。

3.3.1 累积塑性应变计算经验公式

本书土体累积塑性应变ε_p的计算公式采用 Chai 和 Miura（2002）提出的修正模型计算公式：

$$\varepsilon_p = a \cdot \left(\frac{q_d}{q_f}\right)^m \cdot \left(1 + \frac{q_s}{q_f}\right)^n \cdot N^b \tag{3.3-1}$$

式中：　　ε_p——循环振动荷载作用下的土体累积塑性应变；

q_d、q_f、q_s——土体的动偏应力、静强度和静偏应力；

N——列车荷载作用的次数；

a、m、b、n——与土体类型、干密度、含水率和塑性指数有关的常数，可通过室内动三轴试验结果拟合得到；考虑试验数据与现场情况的差异性，Chai 和 Miura 建议参数 n 一般可取 1。

（1）土体的静强度q_f可以按照下式计算：

$$q_f = 2c_{cu}\frac{\cos\varphi_{cu}}{1-\sin\varphi_{cu}} + \sigma'_{v0}\frac{(1+K_0)\sin\varphi_{cu}}{1-\sin\varphi_{cu}} \tag{3.3-2}$$

式中：c_{cu}、φ_{cu}——三轴固结不排水试验中土体的黏聚力和内摩擦角；

K_0——侧向土压力系数；

σ'_{v0}——初始状态下土层有效上覆压力。

（2）土体的静偏应力q_s可按照下式计算：

$$\begin{aligned}q_s &= \sqrt{3J_{2s}} \\ &= \sqrt{\frac{1}{2}\left[(\sigma_x-\sigma_y)^2+(\sigma_y-\sigma_z)^2+(\sigma_z-\sigma_x)^2\right]+3(\tau_{xy}^2+\tau_{yz}^2+\tau_{xz}^2)}\end{aligned} \tag{3.3-3}$$

式中：　　　　J_{2s}——土体初始状态下的第二偏应力不变量；

σ_x、σ_y、σ_z、τ_{xy}、τ_{yz}、τ_{xz}——初始状态下土体单元的应力变量，可以通过建立的三维有限元模型静力计算求得。

（3）土体的动偏应力q_d可按照下式计算：

$$q_d = \sqrt{3J_{2d}} = \sqrt{\frac{1}{2}\left[(\sigma_{xd}-\sigma_{yd})^2+(\sigma_{xd}-\sigma_{zd})^2+(\sigma_{zd}-\sigma_{yd})^2\right]+6\tau_{xyd}^2} \tag{3.3-4}$$

式中：　　　　J_{2d}——列车荷载作用下的第二偏应力不变量；

σ_{xd}、σ_{yd}、σ_{zd}、τ_{xyd}——列车运行振动一次引起的土体单元的应力变量，可通过建立三维有限元模型动力计算求得。

3.3.2 累积孔隙水压力计算经验公式

循环加载下土体累积孔隙水压力计算，本研究拟采用如下计算公式（姚兆明等，2012；高广运等，2015）：

$$\frac{u}{p_a} = a_u \cdot \left(\frac{q_d}{q_f}\right)^{m_u} \cdot \left(\frac{p_0'}{p_a}\right)^{n_u} \cdot N^{b_u} \tag{3.3-5}$$

式中： u——累积孔隙水压力；

p_a——土层地表大气压，可取 $p_a = 101 \text{kPa}$；

q_d、q_f、N——物理意义同前；

p_0'——平均有效固结压力。

$$p_0' = \frac{1 + 2K_0}{3} \cdot \sum_{i=1}^{k} \gamma_i' h_i \tag{3.3-6}$$

式中： k——计算应力点上部土层数；

γ_i'——上部第 i 层土体的有效重度；

h_i——上部第 i 层土体厚度；

a_u、m_u、n_u、b_u——通过室内动三轴试验结果拟合获得。

3.3.3 经验公式参数拟合

利用 Origin 软件对试验结果中的应变-循环振动次数曲线及孔隙水压力-循环振动次数曲线进行拟合。各组试验经验公式的部分计算参数如表 3.3-1 所示。

土体累积变形经验公式计算参数值   表 3.3-1

序号	有效固结压力 p_0'/kPa	有效上覆压力 σ_v'/kPa	动偏应力 q_d/kPa	静偏应力 q_s/kPa	静强度 q_f/kPa
1	120	120	2	0	176
2	120	120	6	0	176
3	120	120	10	0	176
4	150	150	2	0	220
5	150	150	6	0	220
6	150	150	10	0	220
7	200	200	2	0	293
8	200	200	6	0	293
9	200	200	10	0	293
10	120	120	2	0	240
11	120	120	6	0	240
12	120	120	10	0	240
13	150	150	2	0	300
14	150	150	6	0	300
15	150	150	10	0	300
16	200	200	2	0	400
17	200	200	6	0	400
18	200	200	10	0	400

1. 累积塑性应变经验公式拟合

（1）淤泥质粉质黏土

淤泥质粉质黏土中固结围压 120kPa、动应力幅值 2kPa 的试样数据为例进行拟合。室内试验过程采用等向固结，因此，静偏应力 $q_s = 0$kPa；通过计算，$\dfrac{q_d}{q_f} = \dfrac{2}{220} = 0.0114$，故拟合公式为：$y = a \cdot 0.0114^m \cdot x^b$，拟合后的应变-循环振动次数曲线如图 3.3-1 所示。

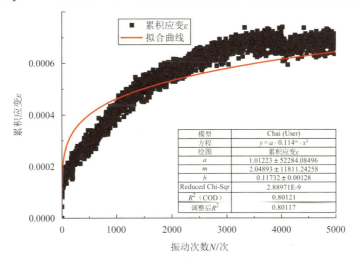

图 3.3-1　淤泥质粉质黏土应变-循环振动次数拟合曲线

由图 3.3-1 曲线拟合结果可以得到，固结围压 120kPa、动应力幅值 2kPa 的淤泥质粉质黏土的常参数：$a = 1.012$，$m = 2.049$，$b = 0.117$。

（2）粉细砂

以粉细砂选取固结围压 120kPa、动应力幅值 2kPa 的试样数据为例进行拟合。试验过程采用等向固结，因此，静偏应力 $q_s = 0$kPa，通过计算，$\dfrac{q_d}{q_f} = \dfrac{2}{300} = 0.0083$，故拟合公式为：$y = a \cdot 0.0083^m \cdot x^b$，拟合后的应变-循环振动次数曲线如图 3.3-2 所示。

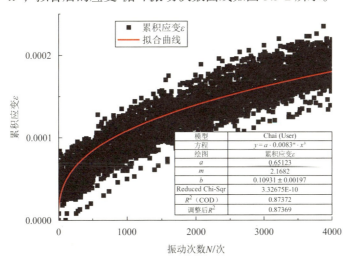

图 3.3-2　粉细砂应变-循环振动次数拟合曲线

由图 3.3-2 曲线拟合结果可以得到，固结围压 120kPa、动应力幅值 2kPa 的淤泥质粉质黏土的常参数：$a = 0.651$，$m = 2.168$，$b = 0.109$。

对所有试样的应变-循环振动次数曲线进行拟合，得到的累积塑性应变经验公式参数值如表3.3-2所示，其中第3、6、8、9组试验由于试样快速破坏，试验数据量过小，无法拟合参数；第18组试样振动次数仅2000次，且未呈现收敛趋势，也无法拟合参数。

累积塑性应变经验公式参数拟合表　　　　　　表 3.3-2

序号	固结围压σ_c/kPa	荷载幅值q_d/kPa	累积塑性应变经验公式参数		
			a	m	b
1	120	2	1.012	2.049	0.117
2	120	6	1.175	1.969	0.215
3	120	10	—	—	—
4	150	2	0.964	2.121	0.112
5	150	6	1.159	1.973	0.201
6	150	10	—	—	—
7	200	2	0.869	2.185	0.108
8	200	6	—	—	—
9	200	10	—	—	—
10	120	2	0.651	2.168	0.109
11	120	6	0.831	1.976	0.182
12	120	10	1.067	1.681	0.203
13	150	2	0.537	2.251	0.097
14	150	6	0.773	1.993	0.174
15	150	10	0.960	1.753	0.192
16	200	2	0.505	2.264	0.094
17	200	6	0.727	2.107	0.136
18	200	10	—	—	—

2. 累积孔隙水压力计算经验公式拟合

（1）淤泥质粉质黏土

以淤泥质粉质黏土固结围压120kPa、动应力幅值2kPa的试样数据为例进行拟合。通过计算，$\frac{q_d}{q_f} = \frac{2}{220} = 0.0114$，$\frac{p_0'}{p_a} = \frac{120}{101} = 1.188$，故拟合公式为：$y = 101 a \cdot 0.0114^m \cdot 1.188^n \cdot x^b$，拟合后的孔隙水压力-循环振动次数曲线如图3.3-3所示。

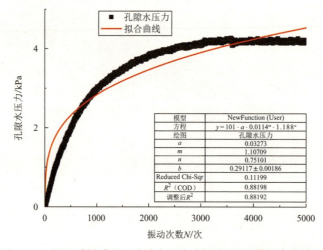

图 3.3-3　淤泥质粉质黏土孔隙水压力-循环振动次数拟合曲线

由图 3.3-3 曲线拟合结果得到，固结围压 120kPa、动应力幅值 2kPa 的淤泥质粉质黏土的参数：$a_u = 0.033$、$m_u = 1.107$、$n_u = 0.751$、$b_u = 0.291$。

（2）粉细砂

以粉细砂固结围压 120kPa、动应力幅值 2kPa 的试样数据为例进行拟合。通过计算，$\frac{q_d}{q_f} = \frac{2}{300} = 0.0083$，$\frac{p_0'}{p_a} = \frac{120}{101} = 1.188$，故拟合公式为：$y = 101a \cdot 0.0083^m \cdot 1.188^n \cdot x^b$，拟合后的孔隙水压力-循环振动次数曲线如图 3.3-4 所示。

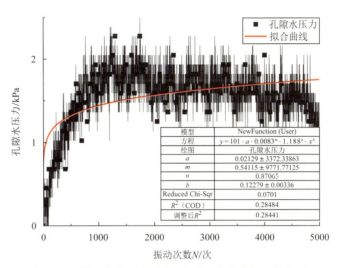

图 3.3-4　粉细砂孔隙水压力-循环振动次数拟合曲线

由图 3.3-3 曲线拟合结果得到，固结围压 120kPa、动应力幅值 2kPa 的粉细砂土的参数：$a_u = 0.021$、$m_u = 0.541$、$n_u = 0.871$、$b_u = 0.123$。

对所有试样的孔隙水压力-循环振动次数曲线进行拟合，得到的累积孔隙水压力经验公式中的参数值如表 3.3-3 所示，其中第 3、6、8、9 四组试验由于试样快速破坏，试验数据量过小，无法拟合参数。第 17、18 两组试样振动次数仅 2000 次，且未呈现收敛趋势，也无法拟合参数。

累积孔隙水压力经验公式参数拟合表　　　　表 3.3-3

序号	固结围压σ_c/kPa	荷载幅值q_d/kPa	累积孔隙水压力经验公式参数			
			a_u	m_u	n_u	b_u
1	120	2	0.033	1.107	0.751	0.291
2	120	6	0.051	0.933	0.635	0.330
3	120	10	—	—	—	—
4	150	2	0.041	1.053	0.653	0.318
5	150	6	0.056	0.926	0.621	0.355
6	150	10	—	—	—	—
7	200	2	0.062	0.876	0.591	0.364
8	200	6	—	—	—	—
9	200	10	—	—	—	—

续表

序号	固结围压σ_c/kPa	荷载幅值q_d/kPa	累积孔隙水压力经验公式参数			
			a_u	m_u	n_u	b_u
10	120	2	0.021	0.541	0.871	0.123
11	120	6	0.024	0.481	0.812	0.159
12	120	10	0.035	0.465	0.756	0.181
13	150	2	0.032	0.487	0.796	0.175
14	150	6	0.053	0.396	0.678	0.194
15	150	10	0.062	0.304	0.647	0.201
16	200	2	0.058	0.384	0.621	0.197
17	200	6	—	—	—	—
18	200	10	—	—	—	—

3.4 本章小结

本章通过室内动三轴试验，研究了循环振动荷载作用下漫滩二元地层土体的动力特性，重点研究了固结围压、动应力幅值对不同类型土体的动力特性影响规律，并拟合了振动荷载作用下土体累积变形经验公式的相关参数，主要得到以下结论：

（1）土体的累积应变发展规律如下：①各试样早期累积应变随振动次数增加而发展迅速，并很快进入稳定状态。淤泥质粉质黏土前500振动次数的累积应变占试验得到的总累积应变的50%～85%。粉细砂试样的累积应变比淤泥质土试样小很多，在固结围压120kPa、动应力幅值2kPa的相同工况下，粉细砂试样的累积应变只有淤泥质土试样的26.7%。②固结围压与土体累积应变发展呈负相关性，土体的累积应变随固结围压的增大而减小。③动应力幅值与土体累积应变发展呈正相关性，当动应力幅值达到10kPa时，淤泥质土试样很快破坏；粉细砂土试样对循环荷载的承受能力较淤泥质土有大幅提高。

（2）土体的超孔隙水压力发展规律如下：①各组试样中的孔隙水压力随着振动次数增加而逐渐上升，上升速度先快后慢，最终趋于稳定。②固结围压、动应力幅值与土体孔隙水压力发展均呈正相关性，即土体孔隙水压力均随着固结压力的提高而增大，也随着动应力幅值的提高而增大；相较于粉细砂试样，淤泥质土试样孔隙水压力达到稳定所需的时间更长。③试验所用粉细砂，当其承受较小围压（$\sigma_c=120$kPa）时，总体表现为剪胀性；当其承受较大围压（$\sigma_c=200$kPa）时，总体表现出剪缩的特征。

（3）土体的动剪切模量发展规律如下：①循环荷载振动作用下，淤泥质粉质黏土的动剪切模量快速减小，并很快达到稳定状态。当动应力幅值为2kPa时，其稳定后的动剪切模量衰减约40%。粉细砂试样的动剪切模量数值随振动次数增加变化较小。②固结围压与粉细砂试样的动剪切模量发展呈正相关性，粉细砂试样的动剪切模量随固结围压的提高而增大。③动应力幅值与土体动剪切模量发展呈负相关性，土体的动剪切模量随动应力幅值的增大而降低。

（4）土体的阻尼比发展规律如下：土样的阻尼比均随着动应力幅值的增加而增大。淤泥质土试样的阻尼比随固结围压增大而略有降低,土样阻尼比数值总体上均小于 0.04;粉细砂试样的阻尼比受固结围压变化的影响很小。

本章还总结了振动荷载作用下淤泥质土和粉细砂的累积塑性变形经验公式和累积孔隙水压力消散经验公式,对试验结果中的应变-循环振动次数曲线及孔隙水压力-循环振动次数曲线进行拟合,计算得到经验计算公式中与土体特性相关的常参数数值,为后续的车致隧道沉降计算提供依据。

然而,本次室内动三轴试验也存在一些不足之处。本次试验对漫滩二元地层土体在列车振动荷载作用下的变形特性的研究还不尽完善,试验结果与研究预期存在一定偏差,一些定量的理论和规律还有待进一步研究。

• 第 4 章 •

地铁振动荷载下漫滩地层的动力响应及变形计算

第 4 章 地铁振动荷载下漫滩地层的动力响应及变形计算

交通荷载作用下岩土体的动力响应和长期变形是岩土工程的热点和关键问题。地铁荷载属于长期低频高密度振动荷载，其钢轮钢轨作用力有别于汽车胶轮与道路的作用力，其对淤泥质软土和非密实粉细砂影响更大。南京河西某些地段的地铁线路在没有周边外部作业影响的情况下，结构沉降依然超过10cm，其中列车振动荷载是主要影响因素之一。

地铁振动荷载引起的隧道及隧底土层沉降可分为两部分：一是不排水条件下的土体累积塑性变形；二是振动荷载下超孔隙水压力消散产生的固结沉降。目前常用的计算方法是基于累积塑性变形和固结沉降的显式经验公式，并结合分层总和法计算土体的长期变形（Chai 等，2002；姚兆明等，2012；张冬梅等，2015；高广运等，2018；薛阔等，2018；王涛，2020）。显式经验公式计算大都是基于第一次振动荷载作用下土体的静、动应力状态，并同时考虑土体的静强度、动应力水平和荷载作用次数等因素预测土体的长期应变。利用显示经验公式和分层总和法计算列车振动荷载作用下土体的长期变形需要解决以下关键问题：

（1）建立合理的地铁列车振动荷载计算公式、施加方式和相关数值模型，并计算列车荷载一次加载时土体的动力响应。

（2）提出适合列车荷载作用下漫滩二元地层的累积塑性变形和固结沉降的显式经验公式。

（3）基于室内动三轴试验，确定土体长期变形显式经验公式的相关参数。

本章在解决上述问题的基础上，主要研究淤泥质土层和粉细砂土层在列车荷载作用下的动力响应，探求漫滩二元地层在列车振动荷载下的长期变形机理，并进行相关参数敏感性分析。

4.1 地铁列车振动荷载计算及三维仿真模型

4.1.1 地铁列车振动荷载模拟

准确模拟和计算列车振动荷载是研究地铁运行对周围岩土体影响的前提条件。目前列车荷载模拟方法主要有实测分析法、经验公式法、基于模型的分析法等（Takemiya H，2003；梁波等，2006；王田友等，2010；汪杰等，2011；Nejati 等，2012）。实测分析法主要是通过对现场钢轨进行加速度实测，计算出地铁运行过程的列车荷载。基于模型的分析法是通过建立车辆-轨道系统耦合振动模型，然后利用解析法或数值模拟分析法，求解出地铁列车荷载。本节主要采用经验公式法计算列车荷载。

列车荷载经验公式是基于大量试验研究的成果。地铁均采用无缝线路，英国铁路技术中心（国外高速列车译文集编委会，1997）研究发现列车竖向轮轨力主要来源于轨道不平顺和轨面波形磨耗效应，其轨道不平顺控制标准见表4.1-1。

轨道不平顺控制参考值（英国） 表 4.1-1

控制条件	波长L_i/m	矢高α_i/mm
按行车平稳性	50	16
	20	9
	10	5
按轨道上的动力附加荷载	5	2.5
	2	0.6
	1	0.3
波型磨耗	0.5	0.1
	0.05	0.005

英国铁路技术中心（1997）认为列车荷载可以用一个激振力函数来模拟，这个函数包括车辆静荷载和一系列正弦函数叠加而成的动荷载，但这个激振力函数未充分考虑列车荷载在线路上的移动叠加，以及钢轨、扣件和轨枕等对列车荷载的分散传递作用。因此，国内学者梁波（2006）提出修正的列车荷载计算公式：

$$F(t) = k_1 k_2 (P_0 + P_1 \sin \omega_1 t + P_2 \sin \omega_2 t + P_3 \sin \omega_3 t) \tag{4.1-1}$$

式中：k_1、k_2——列车荷载在轨道上的叠加系数和分散系数；
　　　P_0——车轮静荷载；
　　　P_1、P_2、P_3——列车的振动荷载；
　　　ω_i——振动圆频率，$\omega_i = 2\pi v/L_i$，其中v为列车行驶速度，L_i为轨道不平顺曲线的波长，详见表 4.1-1。

假设列车的簧下质量为m，则列车相应的振动荷载幅值见下式：

$$P_i = m\alpha_i \omega_i^2 \tag{4.1-2}$$

式中：α_i——三种控制条件下的几何不平顺矢高，如表 4.1-1 所示。

式(4.1-1)虽然形式简单，但综合考虑了车辆轴重等自身因素、轨道不平顺、列车速度、列车荷载的周期性和振动特性、列车荷载的移动组合及轨道对荷载的分散效应等，因此上述公式能合理地模拟地铁列车振动荷载。

4.1.2 地铁列车振动荷载计算

国内地铁列车大都采用 4~8 节编组的 A 或 B 型车。南京地铁大部分线路采用的是 6A 编组，例如地铁 1、2、3、4、5、10 号线等。地铁 A 型车的轴重为 16t。单侧车轮下净重$P_0 = 80$kN，列车单侧簧下质量$m = 910$kg，6A 编组列车长度为 140m。

对于式(4.1-1)的其他参数，根据高广运（2015）的相关研究成果，叠加系数$k_1 = 1.538$，分散系数$k_2 = 0.7$。根据表 4.1-1，分别取$L_1 = 10$m，$\alpha_1 = 5$mm，$L_2 = 2$m，$\alpha_2 = 0.6$mm，$L_3 = 0.5$m，$\alpha_3 = 0.1$mm。

本节地铁列车速度取 72km/h（即 20m/s），一辆车（长度 140m）经过一点的时间为 7s，因此求出 7s 内的荷载时程曲线（时间间隔取 0.01s），如图 4.1-1 所示。

第 4 章 地铁振动荷载下漫滩地层的动力响应及变形计算

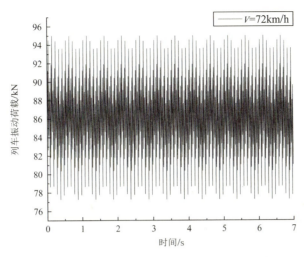

图 4.1-1　南京地铁（6A 编组）荷载时程曲线

上述计算得到的是列车单侧荷载，两根铁轨的横向间距为 1435mm，列车荷载对称施加在两根轨道上。

4.1.3　工程案例及仿真模型

本章以位于南京河西长江漫滩地层的某段地铁隧道为研究对象，隧道采用盾构法施工，隧道直径 6.2m，管片厚度 0.35m，混凝土强度等级 C50，隧道上方覆土 8.0m。场地内上部主要为①$_1$ 填土和②$_{2b4}$ 淤泥质粉质黏土，下部主要为②$_{4d2}$ 粉细砂、②$_{6d1}$ 中粗砂，各层土的物理力学参数见表 4.1-2。

土层物理力学参数表　　　　表 4.1-2

土层名称	重度γ/(kN/m³)	侧压力系数K_0	黏聚力c_{cu}/kPa	内摩擦角φ_{cu}/°	泊松比μ	压缩模量E_s/MPa
①$_1$ 填土	19.0	0.47	10	15	0.35	4.1
②$_{2b4}$ 淤泥质粉质黏土	17.6	0.51	13	16.5	0.43	3.4
②$_{4d2}$ 粉细砂	18.5	0.30	8.5	30.3	0.31	13
②$_{6d1}$ 中粗砂	19.8	0.28	5	32.6	0.29	16

针对上述案例，采用 MIDAS/GTS 有限元软件建立三维数值模型，分析地铁荷载作用下隧道周边土体的动力响应。土体采用摩尔-库仑本构模型，隧道采用板单元，道床为混凝土实体单元。三维模型边界尺寸的确定原则为：隧道边界至模型两个侧面和底面边界的距离不少于隧道外径的 5 倍，因此，确定三维模型尺寸为：$X \times Y \times Z = 80\text{m} \times 20\text{m} \times 50\text{m}$，其中 X 轴为垂直于隧道轴线方向，Y 轴为隧道轴线方向，Z 轴为深度方向。动力分析时采用黏弹性边界约束，土体内部阻尼采用 Rayleigh 阻尼。

黏弹性人工边界，即在模型侧边节点布置法向和切向的黏滞阻尼器，单位面积的阻尼系数根据下式计算：

法向阻尼系数：$C_p = \rho \cdot A \cdot \sqrt{(\lambda + 2G)/\rho}$；

切向阻尼系数：$C_s = \rho \cdot A \cdot \sqrt{G/\rho}$；

式中：$G = \dfrac{E}{2(1+\mu)}$；$\lambda = \dfrac{\mu E}{(1+\mu)(1-2\mu)}$；

E——弹性模量；

μ——泊松比；

ρ——土体密度；

A——计算模型边界某一区域的面积。

基于上述工程案例建立的三维有限元计算模型见图 4.1-2～图 4.1-4。将图 4.1-1 所示的地铁振动荷载以时程曲线的形式直接加载到道床板上两根钢轨所在的位置，如图 4.1-4 所示。

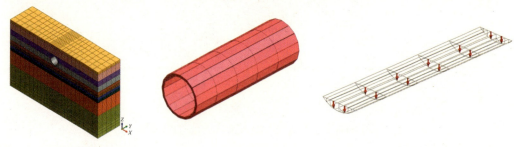

图 4.1-2　工程案例仿真模型　　图 4.1-3　隧道衬砌　　图 4.1-4　道床板及施加的荷载

4.2　漫滩地层的土体动力响应分析

地铁振动荷载作用下，淤泥质土和粉细砂的动力响应有所不同，因此结合第 4.1.3 节的工程案例分两种工况进行分析，并重点研究土体附加主应力、附加竖向动应力、动偏应力的分布规律。工况 A：隧道所在土层及其基底下 19m 均为淤泥质土层；工况 B：隧道所在土层及其基底下 19m 均为中等密实粉细砂层。两种工况的剖面示意如图 4.2-1 和图 4.2-2 所示。

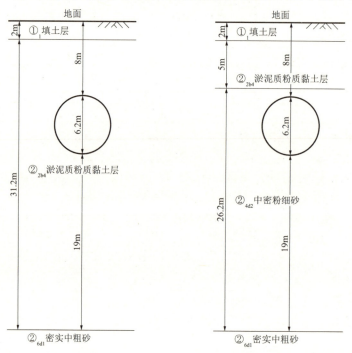

图 4.2-1　隧道位于淤泥质土层的工况 A　　图 4.2-2　隧道位于粉细砂层的工况 B

4.2.1 淤泥质土层动力响应分析

假定隧道所在区域地层自上而下分别为：①$_1$填土层厚2m，②$_{2b4}$淤泥质粉质黏土层厚31.2m，其下均为②$_{6d1}$中粗砂，即隧道完全位于淤泥质土层中，且隧底下淤泥质土层的厚度为19m，见图4.2-1所示的工况A。

（1）淤泥质土层附加主应力分布

列车通过隧道时，列车中部到达拾振断面时刻的附加最大和最小主应力分布云图见图4.2-3。计算结果表明，地基土中的附加最大主应力在紧邻隧道基底正下方处出现最大值，而附加最小主应力一般在紧邻隧道拱腰至拱肩的土体中出现最大值。具体来说，列车中部运行到达拾振断面时，引发地基土体的附加最大主应力的最大值约为4.32kPa，附加最小主应力的最大值约为2.78kPa。列车运行引发地基土体的动应力值随距隧道距离的增大呈逐步衰减趋势，从附加最大主应力分布图中能明显看到应力衰减圈，其中附加最大主应力沿水平方向的衰减速度比沿深度方向的衰减速度要快很多。

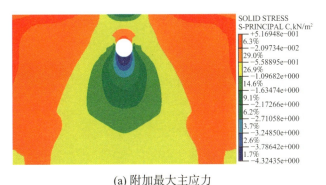

(a) 附加最大主应力

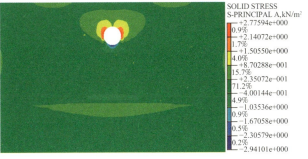

(b) 附加最小主应力

图4.2-3 淤泥质地基土层的附加主应力分布

（2）淤泥质土层附加竖向动应力分布

列车通过隧道时，隧道基底正下方土体不同深度处附加竖向动应力的时程图见图4.2-4(a)，典型时刻附加竖向动应力沿深度的分布见图4.2-4(b)。计算结果表明，列车第一轴到达拾振断面时，附加竖向动应力最大值为1.1kPa，1.5s后附加竖向动应力达到最大值4.20kPa，并随着列车持续运行基本保持不变，随后当列车驶离拾振断面后（$t > 7s$），附加竖向动应力迅速消失。

附加竖向动应力沿深度方向呈现递减趋势，深度越大减少速率越快。在隧道正下方15m处的附加竖向动应力为1.66kPa，较最大值衰减了约60%。

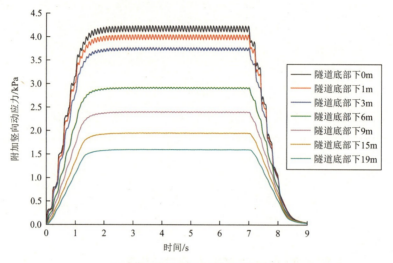

(a) 附加竖向动应力随时间的变化

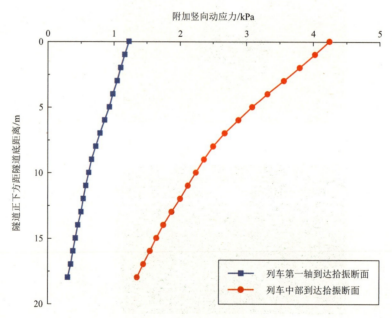

(b) 附加竖向动应力随深度的变化

图 4.2-4　淤泥质地基土层的附加竖向动应力分布

（3）淤泥质土层动偏应力分布

列车振动荷载作用下土体的动偏应力水平是影响地层长期变形的最重要指标（姚兆明等，2012；张冬梅等，2015）。地基土的动偏应力q_d可由下式计算得到：

$$q_d = \sqrt{3J_2} = \sqrt{\frac{1}{2}\left[(\sigma_{xd}-\sigma_{yd})^2+(\sigma_{xd}-\sigma_{zd})^2+(\sigma_{zd}-\sigma_{yd})^2+6\tau_{xyd}^2\right]} \quad (4.2\text{-}1)$$

式中： J_2——第二应力不变量；

σ_{xd}、σ_{yd}、σ_{zd}、τ_{xyd}——列车运行一次引起的土体单元的应力变量，可通过建立的三维动力模型求得。

列车通过隧道时，隧道基底正下方土体不同深度处动偏应力的时程图见图 4.2-5（a），典型时刻动偏应力沿深度的分布见图 4.2-5（b）。计算结果表明，列车第一轴到达拾振断面时，动偏应力最大值为 0.91kPa，1.5s 后动偏应力达到最大值 3.12kPa，并随着列车持续运行基本保持不变，随后当列车驶离拾振断面后（$t > 7s$），动偏应力迅速消失。不同于附加竖向动应力沿深度的分布规律，动偏应力沿深度方向呈现先增加后减少的趋势，最大动偏应力出现在隧道底部下方约 2m 处。在隧道正下方 15m 处的动偏应力为 1.39kPa，较最大值衰减了约 55%。

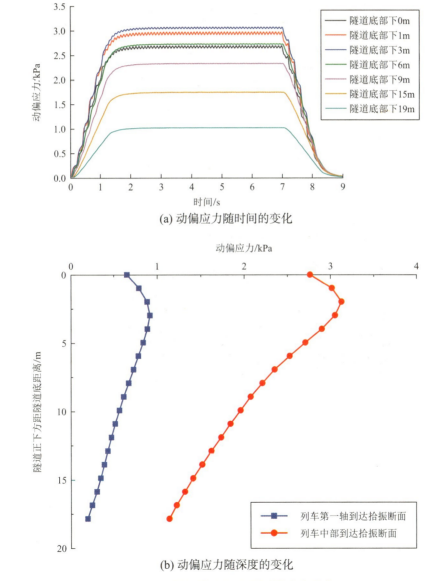

(a) 动偏应力随时间的变化

(b) 动偏应力随深度的变化

图 4.2-5　淤泥质地基土层的动偏应力分布

4.2.2 粉细砂土层动力响应分析

假定隧道所在区域地层自上而下分别为：①$_1$填土厚2m，②$_{2b4}$淤泥质粉质黏土厚5m，②$_{4d2}$粉细砂厚26.2m，其下均为②$_{6d1}$中粗砂，即隧道完全位于粉细砂土层中，且隧底下粉细砂土层的厚度为19m，见图4.2-2所示的工况B。

（1）粉细砂土层附加主应力分布

列车通过隧道时，列车中部到达拾振断面时刻的附加最大和最小主应力分布云图见图4.2-6所示。计算结果表明，粉细砂地基土层中的附加主应力分布规律基本同淤泥质土层一致。地基土体的附加最大主应力的最大值约为4.85kPa，附加最小主应力的最大值约为2.88kPa。

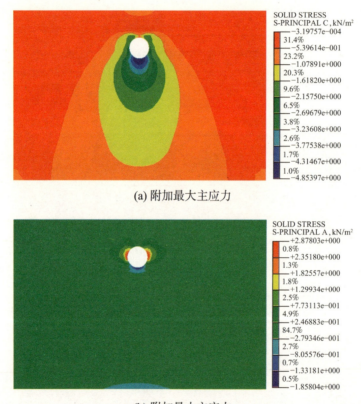

(a) 附加最大主应力

(b) 附加最小主应力

图 4.2-6 粉细砂地基土层的附加主应力分布

（2）粉细砂土层附加竖向动应力分布

列车通过隧道时，隧道基底正下方土体不同深度处附加竖向动应力的时程图见图4.2-7（a），典型时刻附加竖向动应力沿深度的分布见图4.2-7（b）所示。计算结果表明，列车第一轴到达拾振断面时，附加竖向动应力最大值为1.59kPa，1.5s后附加竖向动应力达到最大值4.77kPa，并随着列车持续运行基本保持不变，随后当列车驶离拾振断面后（$t>7s$），附加竖向动应力迅速消失。附加竖向动应力沿深度方向呈现递减趋势，深度越大减少速率越快。在隧道正下方15m处的附加竖向动应力为1.68kPa，较最大值衰减了约65%。

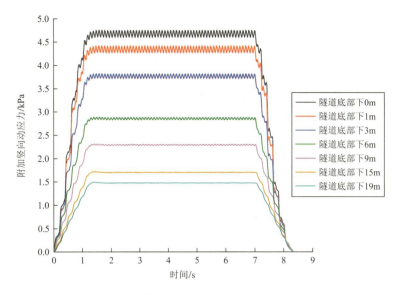

(a) 附加竖向动应力随时间变化

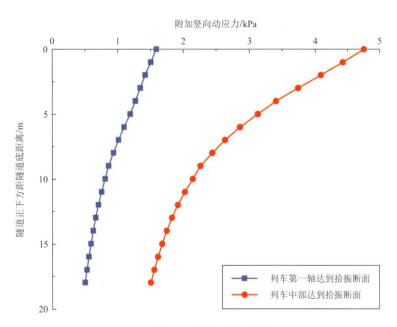

(b) 附加竖向动应力随深度变化

图 4.2-7　粉细砂地基土层的附加竖向动应力分布

（3）粉细砂土层动偏应力分布

列车通过隧道时，隧道基底正下方土体不同深度处动偏应力的时程图见图 4.2-8（a），典型时刻动偏应力沿深度的分布见图 4.2-8（b）。计算结果表明，粉细砂地基土层中的动偏应力分布规律与淤泥质粉质黏土层基本一致。列车第一轴到达拾振断面时，动偏应力最大值为 0.96kPa，1.5s 后动偏应力达到最大值 3.53kPa，并随着列车持续运行基本保持不变，随后当列车驶离拾振断面后（$t > 7s$），动偏应力迅速消失。不同于附加竖向动应力沿深度的分布规律，动偏应力沿深度方向呈现先增加后减少的趋势，最大动偏应力出现在隧道底部下方约2m处。在隧道正下方15m处的动偏应力为1.70kPa，较最大值衰减了约52%。

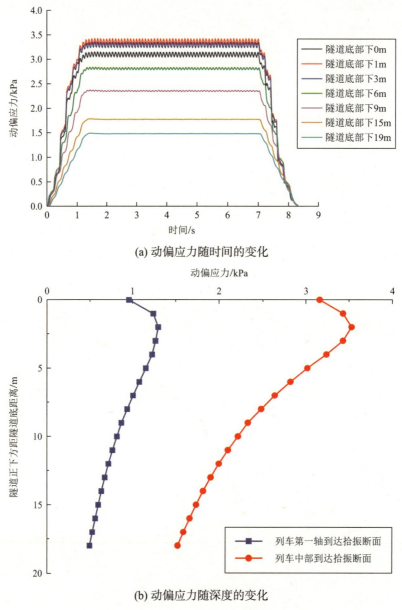

(a) 动偏应力随时间的变化

(b) 动偏应力随深度的变化

图 4.2-8　粉细砂地基土层的动偏应力分布

4.3 振动荷载下漫滩地层长期变形及隧道沉降分析

地铁列车振动引起的隧道沉降和基底土体变形可分为两部分，分别为不排水累积塑性应变引起的压缩变形和累积超孔隙水压力消散引起的固结沉降。这两部分变形均可采用显式经验公式结合分层总和法计算。显式经验公式计算需要第一次振动荷载作用下土体的动力参数，这些动力参数可采用室内动三轴试验和数值分析方法计算得到。各地区工程地质条件和土体性质不同，因此，显式经验公式中的常参数需通过所在地区土体的动三轴试验拟合得到，本书主要通过第 3 章的试验结果得到。为研究方便，地铁隧道结构沉降可近似等同于隧道基底下方土体的压缩变形值。

4.3.1 累积塑性应变引起的土体长期变形计算

（1）土体累积塑性应变计算

列车荷载作用下土体累积塑性应变计算采用 Chai 和 Miura（2002）提出的修正模型公式 $\varepsilon_p = a \cdot \left(\frac{q_d}{q_f}\right)^m \cdot \left(1 + \frac{q_s}{q_f}\right)^n \cdot N^b$，各参数及其计算过程详见式(3.3-1)~式(3.3-4)。

a、m、n、b 是与土体的类型以及塑性指数有关的常数，根据第 3 章室内动三轴试验的土体应变-循环振动次数曲线拟合得到。对于淤泥质粉质黏土：$a_1 = 1.138$，$m_1 = 1.349$，$n_1 = 1$，$b_1 = 0.390$；对于粉细砂：$a_2 = 1.049$，$m_2 = 2.981$，$n_2 = 1$，$b_2 = 0.796$。

土体静强度 q_f 计算见式(3.3-2)，并通过土体物理力学参数表 4.1-2 给出的参数计算得到。

土体静偏应力 q_s 计算见式(3.3-3)，公式中的相关静应力变量可通过前文建立的三维有限元模型计算结果提取得到。

（2）累积塑性应变引起的土体长期变形计算

在计算得到各层土塑性应变后，再利用分层总和法计算土体长期变形 S_d：

$$S_d = \sum_{i=1}^{n} \varepsilon_i^p h_i \tag{4.3-1}$$

式中：ε_i^p——第 i 层土的累积塑性应变；

h_i——第 i 层土的厚度；

n——土体分层总数。

4.3.2 累积孔隙水压力消散引起的土体固结沉降计算

（1）土体累积孔隙水压力计算

列车荷载作用下土体累积孔隙水压力计算采用公式 $\frac{u}{p_a} = a_u \cdot \left(\frac{q_d}{q_f}\right)^{m_u} \cdot \left(\frac{p_0'}{p_a}\right)^{n_u} \cdot N^{b_u}$，各参数及其计算过程详见式(3.3-5)。

a_u、m_u、n_u、b_u 是与土体的类型及物理力学性质相关的常数，根据第 3 章室内动三轴试验的土体孔隙水压力-循环振动次数曲线拟合得到。对于淤泥质粉质黏土：$a_{u1} = 1.251$，$m_{u1} = 0.741$，$n_{u1} = 1.818$，$b_{u1} = 0.311$；对于粉细砂：$a_{u2} = 0.788$，$m_{u2} = 1.543$，$n_{u2} = 1.150$，$b_{u2} = 0.722$。

（2）不排水累积孔隙水压力消散引起的土体固结沉降计算

$$S_v = \sum_{i=1}^{n} m_{vi} h_i u_i U_i \tag{4.3-2}$$

式中：$m_{vi} = \frac{1}{E_s}$——第 i 层土体积压缩系数；

U_i——第 i 层土的固结度，取 100%。

4.3.3 隧底土体长期变形及隧道沉降计算

（1）计算过程

首先采用 MIDAS/GTS 软件建立有限元计算模型，并从计算结果中提取一次列车振动加载后土体的各项应力参数值；然后根据式(3.3-2)、式(3.3-3)、式(3.3-4)计算出隧道基底下各层土体的静强度q_f、静偏应力q_s和动偏应力q_d；最后基于室内动三轴试验拟合的参数，利用式(3.3-1)、式(3.3-5)、式(4.3-1)、式(4.3-2)计算预测地铁运行一段时间后的累积沉降。假设地铁运营每天高峰期的发车间隔为 3min，持续 4h；平峰期的发车间隔为 5min，持续 12h，每天总计运行 16h；则每天此条线路的地铁运行次数为 224 次，每月约为 6720 次，每年约为 8 万次。

（2）工况 A 和 B 的计算结果

图 4.3-1 给出了工况 A 下（隧道处于深厚淤泥质土层中）地铁运营 10 年后，由列车振动引发地基长期沉降沿深度的分布规律。从图中看出，随着深度的增加，淤泥质土地基的沉降值迅速减小；在列车荷载作用下，淤泥质土层在距隧道底部 15m 深度处的沉降量值约为 3.2mm，为最大沉降值 81.9mm 的 3.9%；隧道基底的最大沉降中，累积塑性应变引起的沉降（61.7mm）占总沉降的 75.3%，累积孔隙水压力消散引起的固结沉降（20.2mm）只占总沉降的 24.7%。

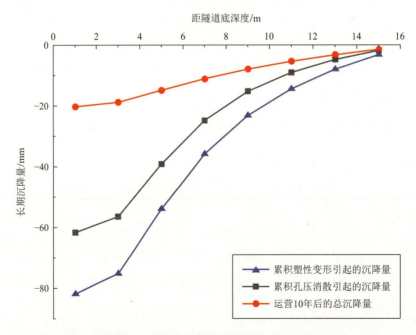

图 4.3-1　淤泥质土地基长期沉降量沿深度的分布（运营 10 年后）

图 4.3-2 给出了工况 B 下（隧道处于粉细砂土层中）地铁运营 10 年后，由列车振动引发地基长期沉降沿深度的分布规律。从图中看出，随着深度的增加，粉细砂层地基的沉降值迅速减小；在列车荷载作用下，粉细砂土层在距隧道底部 13m 深度处的沉降量值约

为1.1mm,约为最大沉降值20.3mm的5.4%;隧道基底的最大沉降中,累积塑性应变引起的沉降(18.1mm)占总沉降的89%,累积孔隙水压力消散引起的固结沉降(3.7mm)只占总沉降的10.8%。

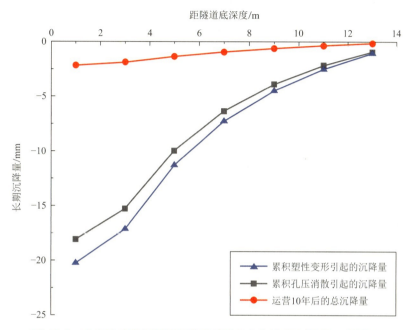

图4.3-2 粉细砂地基长期沉降量沿深度的分布规律(运营10年后)

同样的列车运行和隧道结构及埋深条件下,比较图4.3-1和图4.3-2发现:①隧道所在及其隧底下土层性质对沉降影响非常大,淤泥质土地基的最大沉降是粉细砂地基沉降的3.8倍;②累积孔隙水压力消散引起的固结沉降在地基总沉降中占比较小,特别是粉细砂层的固结沉降更小,说明由于列车振动引发的超孔隙水压力不大,而且粉细砂层中的超孔隙水压消散很快,难以积聚,这个结论与葛世平等(2015)的现场实测结论基本是一致的。

下面重点讨论超孔隙水压力消散引起的固结沉降在总沉降中的占比。目前国内外研究成果中主要有三类结论。一是认为地铁隧道沉降主要是由土体累积塑性应变引起的,没有考虑超孔隙水压力消散的固结沉降(Chai和Miura, 2002;高广运等, 2012;薛阔等, 2018;周捡平等, 2018)。二是经过计算,认为超孔隙水压力消散引起的固结沉降较大,仅略小于累积塑性变形沉降,其在总沉降中的占比为30%~45%(姚兆明等, 2012;高广运等, 2015;杨兵明等, 2016)。三是认为超孔隙水压力消散引起的固结沉降远小于累积塑性变形沉降(姜洲等, 2015;高广运等, 2018),其在总沉降中的占比不超过15%。在现场监测研究方面,周念清等(2006)、葛世平等(2015)、徐阳(2018)、马学勇等(2019)对地铁运营振动引起的土体超孔隙水压力现场监测数据和计算结果,发现地铁运营振动引起的超孔隙水压力很小,只有1~2kPa,且对于砂性土消散非常快,但其长期固结沉降不能忽略。因此,综上所述并结合本书的研究结果,可认为虽然超孔隙水压力消散引起的固结沉降在总沉降中的占比不大,为10%~25%,但不能忽略不计。

4.4 振动荷载下隧道长期沉降的参数敏感性分析

4.4.1 下部土层性质对隧道长期沉降的影响分析

从第 4.3 节工况 1 和工况 2 的隧道长期沉降结果来看，隧道所在土层及底部下方土层的性质对隧道的长期沉降影响非常大，下面分 8 种工况（表 4.4-1）详细分析土层性质对隧道长期沉降的影响规律。

隧道所在土层及基底下方土层分布的工况　　　　　　　表 4.4-1

工况	土层厚度/m				说明
	$①_1$ 填土	$②_{2b4}$ 淤泥质粉质黏土	$②_{5d1}$ 粉细砂	$②_{6d1}$ 中粗砂	
工况 1	2	31.2	—	16.8	隧道底下淤泥质土厚 19m
工况 2	2	21.2	10	16.8	隧道底下淤泥质土厚 9m
工况 3	2	19.2	12	16.8	隧道底下淤泥质土厚 7m
工况 4	2	17.2	14	16.8	隧道底下淤泥质土厚 5m
工况 5	2	15.2	16	16.8	隧道底下淤泥质土厚 3m
工况 6	2	13.2	18	16.8	隧道底下淤泥质土厚 1m
工况 7	2	9.1	22.1	16.8	隧道上半部位于淤泥质土层
工况 8	2	5.0	26.2	16.8	隧道全部位于粉细砂土层

8 种工况的隧道沉降随时间发展的计算结果见图 4.4-1～图 4.4-8。

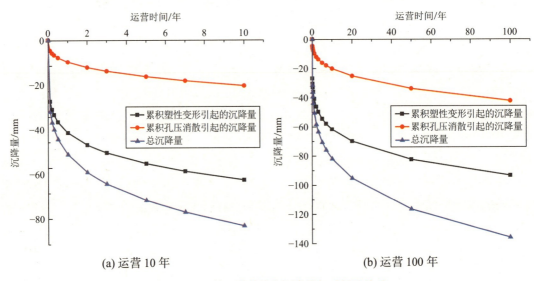

(a) 运营 10 年　　　　　　　　　　(b) 运营 100 年

图 4.4-1　工况 1 隧道基底沉降量与时间的关系

第 4 章 地铁振动荷载下漫滩地层的动力响应及变形计算

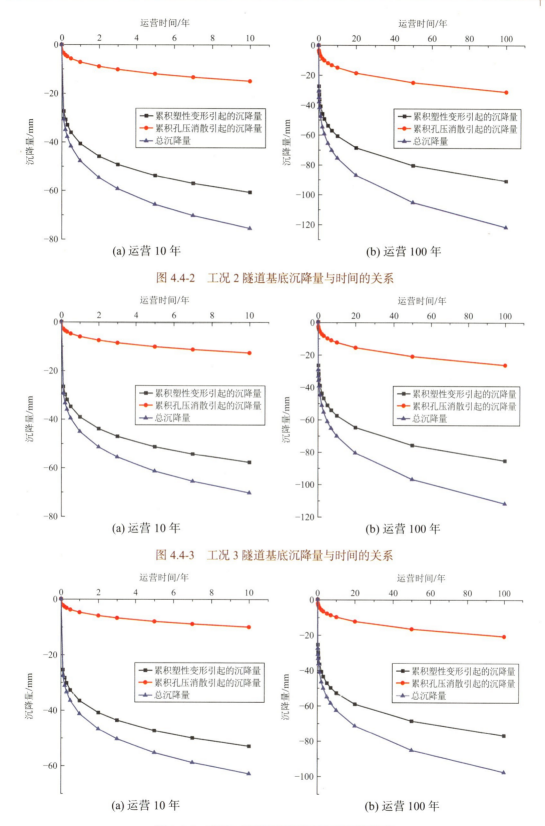

(a) 运营 10 年　　　　　　　　(b) 运营 100 年

图 4.4-2　工况 2 隧道基底沉降量与时间的关系

(a) 运营 10 年　　　　　　　　(b) 运营 100 年

图 4.4-3　工况 3 隧道基底沉降量与时间的关系

(a) 运营 10 年　　　　　　　　(b) 运营 100 年

图 4.4-4　工况 4 隧道基底沉降量与时间的关系

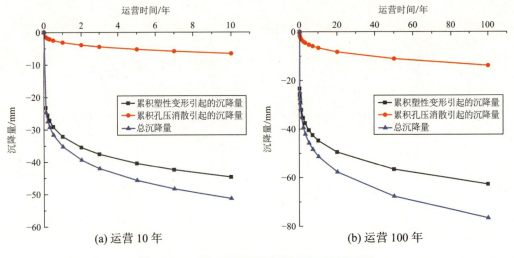

图 4.4-5　工况 5 隧道基底沉降量与时间的关系

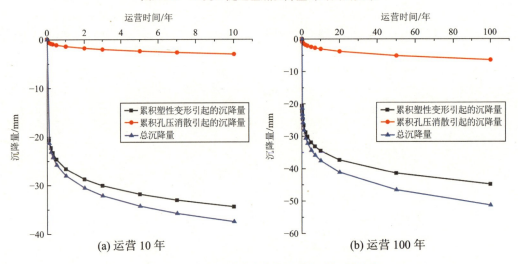

图 4.4-6　工况 6 隧道基底沉降量与时间的关系

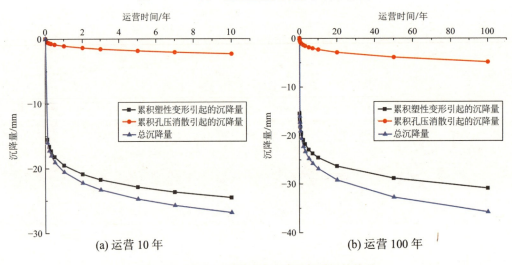

图 4.4-7　工况 7 隧道基底沉降量与时间的关系

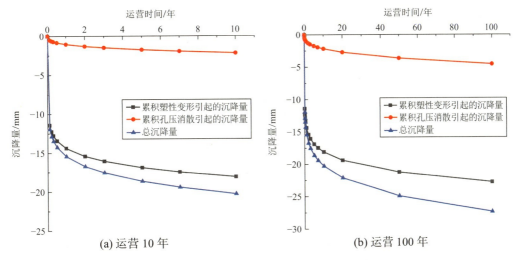

图 4.4-8 工况 8 隧道基底沉降量与时间的关系

针对上述 8 种工况计算得到的隧道沉降与运营时间的关系图，下面重点分析以下 3 个问题。一是各工况中累积塑性应变引起的沉降、累积孔隙水压力消散引起的固结沉降在总沉降中的占比，见表 4.4-2。二是分析各工况中运营 1 年、10 年时产生的沉降与运营 100 年时的沉降量的占比，见表 4.4-3。三是分析隧道沉降与下方淤泥质土层厚度的关系，见图 4.4-9。

各工况运营 10 年时的沉降量及占比 表 4.4-2

项目	沉降量/mm							
	工况 1	工况 2	工况 3	工况 4	工况 5	工况 6	工况 7	工况 8
累积塑性变形	61.7	60.7	57.6	52.8	44.7	34.5	24.5	18.1
孔隙水压力消散沉降	20.2	14.9	12.7	10.0	6.7	3.1	2.3	2.2
总沉降	81.9	75.6	70.3	62.8	51.4	37.6	26.8	20.3
塑性变形/总沉降	75.3%	80.3%	81.9%	84.1%	87.0%	91.8%	91.4%	89.2%
固结沉降/总沉降	24.7%	19.7%	18.1%	15.9%	13.0%	8.2%	8.6%	10.8%

各工况沉降量与运营时间的关系 表 4.4-3

运营时间	沉降量/mm							
	工况 1	工况 2	工况 3	工况 4	工况 5	工况 6	工况 7	工况 8
1 年时	50.5	47.8	45.2	41.3	35.3	28.1	20.6	15.4
10 年时	81.9	75.6	70.3	62.8	51.4	37.6	26.8	20.3
100 年时	135.7	121.9	111.9	97.8	76.7	51.3	35.8	27.4
1 年/10 年	61.7%	63.2%	64.3%	65.8%	68.7%	74.7%	76.9%	75.9%
1 年/100 年	37.2%	39.2%	40.4%	42.2%	46.0%	54.8%	57.5%	56.2%
10 年/100 年	60.4%	62.0%	62.8%	64.2%	67.0%	73.3%	74.9%	74.1%

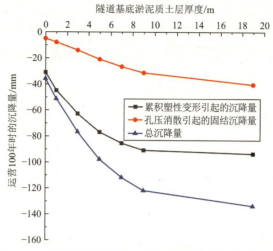

图 4.4-9 隧道基底沉降量与下方淤泥质土层厚度的关系

分析图 4.4-1～图 4.4-9，表 4.4-2 和表 4.4-3，可以得到以下结论：

（1）地铁列车振动荷载会导致隧道及其下方土层发生较大的沉降。当隧道下方淤泥质土层较厚时，长期运营沉降在 10 年时可超过 80mm，运营 100 年时可超过 130mm；当隧道位于较厚的中密粉细砂层时，其长期运营沉降不大，本章案例中，工况 8 运营 100 年时的总沉降仅为 27.4mm，约为工况 1 的 20.2%。因此，应特别重视深厚淤泥质土层中的车致隧道长期沉降。

（2）隧道所在土层及下部土层性质对长期沉降影响非常显著。①隧道上半部位于淤泥质土层（工况 7）较隧道全部位于粉细砂层（工况 8），运营 10 年时的总沉降增加了约 32%；②随着隧道底部淤泥质土层厚度的增大，长期沉降快速增加，当其厚度增大到 9m 后，淤泥质土层厚度增加对总沉降影响已经较小。因此，类似地层中，若隧道沉降较大需要进行下方深厚淤泥质土层加固时，加固深度建议为 9m。

（3）隧道所在土层及下部土层性质直接影响到累积塑性变形、固结沉降在总沉降中的占比。随着隧道底部淤泥质土层厚度的增大，虽然累积塑性变形、固结沉降、总沉降都在增加，但是累积塑性变形沉降在总沉降中的占比从 91.8% 降低至 75.3%，而累积孔隙水压力消散引起的固结沉降在总沉降中的占比由 8.6% 增大至 24.7%。说明当隧底下方淤泥质土层较厚时，累积孔隙水压力消散引起的固结沉降量较大，在总沉降中的占比也较大，是不容忽略的。

（4）车致隧道沉降主要发生在地铁运营初期。运营 1 年时的沉降占到运营 10 年时总沉降的 61%～77%，占 100 年时总沉降的 37%～58%；运营 10 年时发生的沉降占到运营 100 年时的总沉降的 60%～75%。说明运营第 1 年发生的沉降占到 100 年总沉降的比例超过 1/3，甚至超过 1/2，因此，应严格控制运营初期振动诱发的土层沉降。

（5）随着隧道下部淤泥质土层厚度的增加，粉细砂土层厚度的减少，运营第 1 年沉降量占 10 年和 100 年总沉降的比例、第 10 年沉降量占 100 年总沉降的比例在减少。说明隧道下方土层性质越差，隧道的长期沉降越不稳定，运营多年后还会发生较大的振动沉降。

4.4.2 不同车型对隧道长期沉降的影响分析

目前国内运行的地铁线路中，绝大部分车型及编组是 6A 或 6B 形式。

（1）6A 编组：A 型车轴重为 16t，单侧车轮下净重 $P_0 = 80\text{kN}$，列车单侧簧下质量 $m = 910\text{kg}$，列车长度为 140m。

（2）6B 编组：B 型车轴重为 13t，单侧车轮下净重 $P_0 = 65\text{kN}$，列车单侧簧下质量 $m = 750\text{kg}$，列车长度为 120m。

根据式(4.1-1)和式(4.1-2)，速度为 72km/h 时的两种车型荷载时程曲线见图 4.4-10。在工况 1 情况下，两种车型对应的隧道沉降与运营时间的关系见图 4.4-11。

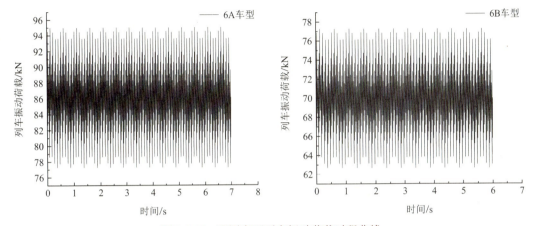

图 4.4-10　不同车型列车振动荷载时程曲线

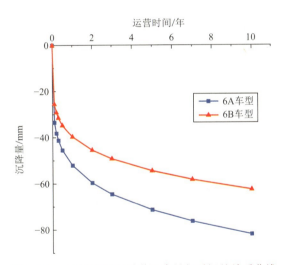

图 4.4-11　不同车型下隧道沉降量与时间的关系曲线

由图 4.4-10 和图 4.4-11 可见，两种车型的振动荷载和运营 10 年时的隧道沉降量见表 4.4-4。

不同车型的振动荷载和隧道沉降量　　　　表 4.4-4

车型	荷载最大值/kN	荷载最小值/kN	隧道沉降量/mm
6A	95.0	77.3	81.9
6B	77.3	62.7	62.4

从表 4.4-4 可知，同等编组条件下，B 型车的振动荷载最大值和最小值均约为 A 型车的 81%；在运营 10 年时的隧道沉降量方面，6B 编组列车约是 6A 编组列车的 76%。因此，车型对隧道长期沉降的影响是比较大的，列车轴重越大，隧道的长期沉降越大。

4.5 简化的 2.5 维数值计算方法及案例分析

本章前述内容主要通过建立列车-轨道-隧道-地层三维动力模型和相关经验公式，提出了地铁振动荷载作用下隧道和地基土体的长期沉降计算方法，并对计算结果进行了分析。由于三维有限元计算模型复杂且计算量大，也有少数学者采用 2.5 维有限元结合薄层单元方法，建立简化的线弹性动力分析模型，分析了隧道在列车运行荷载作用下的长期沉降。

本节的工程案例分析在遵循本章上述计算方法的基础上，用简化的 2.5 维数值计算方法代替复杂的三维数值计算方法，并结合南京地铁 2 号线的沉降监测数据，分析列车振动荷载下粉细砂地层的振动响应特征，计算其长期沉降，并与现场监测数据进行对比验证。

4.5.1 工程案例

南京地铁 2 号线区间隧道采用盾构法施工，隧道直径 6.2m，管片厚 0.35m。秦淮河与长江所夹的河西地区沿线工程地质普遍呈漫滩二元结构形式，即上部主要为杂填土及淤泥质粉质黏土，层厚 0～33m，下部为粉细砂层，如图 4.5-1 所示。

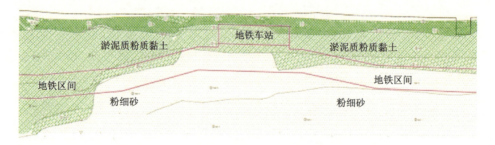

图 4.5-1 南京地铁部分区段地质剖面图

图 4.5-2 为南京地铁 2 号线运营 7 年间实测的典型粉细砂地层中隧道沉降随时间的发展规律。为研究方便，隧道结构沉降可近似等同于隧道正下方地基土体的沉降值。该研究区段长约 387m（里程 k3+845～k4+232），位于南京市河西南部地区，属于先建地铁而后进行开发的区域。从现场沉降监测数据看出，南京地铁 2 号线自 2010 年 5 月开通运营后，粉细砂地层中的隧道沉降就在不断发展，且其结构沉降发展大致可分为两个阶段。第一阶段为开通运营时刻至 2012 年 4 月，在此阶段初期，沉降发展迅速，而后沉降发展逐渐变缓，运营 2 年时，结构沉降量逐渐稳定在 15～35mm。此阶段的沉降主要受列车振动荷载等因素控制。沉降发展的第二阶段为 2012 年 4 月之后，在此阶段初期，由于受周边大量建构筑物施工的影响，隧道沉降突然出现了一个较大的增长，而后又经历了一个速度相对缓慢的增长阶段。在周边建筑物施工完成后 1.5 年左右，地铁隧道的沉降再次稳定，其量值大约在 45～64mm。通过上述分析发现，影响地铁隧道长期沉降的因素较多，而本节将主

要针对地铁振动荷载作用诱发隧道结构及地基土体的长期沉降量值及发展规律进行计算分析。

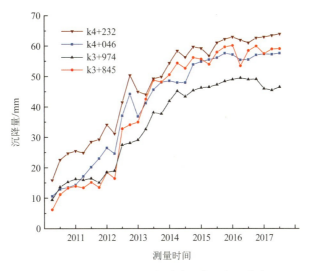

图 4.5-2　粉细砂地层中隧道沉降量实测曲线

4.5.2　简化的 2.5 维数值计算模型

选取上述区段中里程为 k4 + 046 的断面为研究对象。该断面隧道埋深 19m，上下行隧道中心间距 12m，地层自上而下依次为杂填土、淤泥质粉质黏土及粉细砂，隧道完全位于粉细砂地层中。该区段的地层及隧道结构的物理力学参数见表 4.5-1。该区段采用普通道床轨道、DTVI2 型扣件（刚度为 40MN/m，阻尼为 30kN·s/m），车辆为 A 型车 6 节编组，最高运行速度为 80km/h，运营 7 年后实测该断面最大沉降值为 57.6mm。

地层及隧道结构物理力学参数　　　　表 4.5-1

地层	层厚/m	弹性模量/MPa	泊松比	阻尼比	密度/（kg/m³）
杂填土	4.8	8	0.36	0.05	1850
淤泥质粉质黏土	12.7	7.5	0.39	0.05	1790
粉细砂	32.5	25	0.31	0.04	1880
管片混凝土	—	34500	0.2	0.02	2600
道床混凝土	—	30000	0.25	0.02	2500

为计算地铁列车荷载作用下地基土体的动力响应特征，首先将列车荷载简化为列车准静态轴重荷载，并将轨道-隧道-地层系统视为沿线路纵向不变的一致性系统，然后采用 2.5 维数值方法进行移动列车荷载作用下轨道-隧道-地层系统动力响应的分析。作用于钢轨上的列车荷载采用 2.5 维解析方法进行模拟，道床-隧道-地层系统采用 2.5 维有限元法进行模拟，边界采用 2.5 维黏弹性边界进行模拟，钢轨与道床-隧道-地层系统通过扣件的力学平衡及位移协调条件进行耦合，相关计算原理可参见 2.5 维数值计算方法的相关文献（Yang 等，2001；Gao 等，2012；边学成等，2008）。

地铁隧道内的轨道由钢轨、轨枕以及道床组成，3个结构部件可视为一个整体结构，并可被假定为一个复合梁，地铁列车钢轮作用在轨道结构上的振动荷载作用可用下式表达：

$$EI\frac{\partial^4 u_\mathrm{r}}{\partial x^4} + m\frac{\partial^2 u_\mathrm{r}}{\partial t^2} = f_\mathrm{IT}(x,t) + \sum_{n=1}^{M} p_n(x-ct) \tag{4.5-1}$$

式中：EI——轨道结构（复合梁）的弯曲刚度；

$f_\mathrm{IT}(x,t)$——轨道和其地基（隧道结构或土体）的相互作用力，其在频域中的表达式为：

$$(EI\xi_x^4 - m\omega^2)u_\mathrm{r}^{xt} = f_\mathrm{IT}^{xt}(\xi_x,\omega) + \sum_{n=1}^{M} p_n^{xt}(\xi_x,\omega) \tag{4.5-2}$$

上式的矩阵表示方程式为：

$$\boldsymbol{K}_\mathrm{TT}^{xt}\boldsymbol{U}_\mathrm{TT}^{xt} = \boldsymbol{F}_\mathrm{IT}^{xt} + \boldsymbol{F}_\mathrm{T}^{xt} \tag{4.5-3}$$

式中：$\boldsymbol{F}_\mathrm{IT}^{xt}$——轨道和地基的相互作用力；

$\boldsymbol{K}_\mathrm{TT}^{xt}$、$\boldsymbol{F}_\mathrm{T}^{xt}$——轨道复合梁的弯曲刚度和作用在其上的荷载数值，并可用下式表达：

$$\boldsymbol{K}_\mathrm{TT}^{xt} = EI\xi_x^4 - m\omega^2, \boldsymbol{F}_\mathrm{T}^{xt} = \sum_{n=1}^{M} \boldsymbol{p}_n^{xt}(\xi_x,\omega) \tag{4.5-4}$$

假定轨道与地基有 N 个共同节点，在变换领域中列车荷载被均匀分布到轨道梁与地基的各个共有节点上，则每个节点上的集中竖向荷载为 $\boldsymbol{F}_\mathrm{T}^{xt}/N$。将轨道刚度和地基刚度矩阵进行集成，得到整体支配方程如下：

$$\begin{bmatrix} \boldsymbol{K}_\mathrm{II}^{xt} + \boldsymbol{K}_\mathrm{TT}^{xt} & \boldsymbol{K}_\mathrm{IS}^{xt} \\ \boldsymbol{K}_\mathrm{SI}^{xt} & \boldsymbol{K}_\mathrm{SS}^{xt} \end{bmatrix} \begin{Bmatrix} \boldsymbol{U}_\mathrm{II} \\ \boldsymbol{U}_\mathrm{SS} \end{Bmatrix} = \begin{Bmatrix} \boldsymbol{F}_\mathrm{T}^{xt} \\ 0 \end{Bmatrix} \tag{4.5-5}$$

式中：下标"I"——轨道与地基的共有节点；

下标"S"——地基内部节点。

对上述整体支配方程进行求解后得到轨道-地基在变换领域中的解。然后通过对沿轨道方向的波数扩展和对时间的傅里叶逆变换得到列车荷载作用下轨道和地基的振动解。

针对该研究区段的轨道-隧道-地层系统，建立的2.5维数值模型如图4.5-3所示，本节仅给出道床-隧道-地层系统的有限元模型。在该模型中，道床、隧道及地层采用2.5维4结点有限单元模拟，轨道-隧道-地层系统的计算范围在宽度方向上取80m，即隧道中线距左右侧边界距离各取40m，在深度方向上取50m。

（注：x方向为垂直纸面向外方向）

图 4.5-3　2.5 维数值计算模型

4.5.3 土体动力响应分析

由于本研究区段左右线隧道水平距离较大,两条隧道各自行车运营时对另一方隧道下方土体的影响很小。因此,计算时仅考虑单一隧道行车对下方地基土体的动力影响,数值模拟计算结果详见图 4.5-4~图 4.5-6。

图 4.5-4 为列车通过左侧隧道时,列车中部到达拾振断面时刻的附加最大和最小主应力分布云图。计算结果表明,地基土中的附加最大主应力在紧邻隧道基底正下方的土体范围内出现最大值,而附加最小主应力一般在紧邻隧道拱腰至拱肩的土体中出现最大值。具体来说,列车中部运行到达拾振断面时,引发地基土体的附加最大主应力的最大值约为 5.2kPa,附加最小主应力的最大值约为 2.9kPa。列车运行引发地基土的动应力量值随距隧道距离的增大呈逐步衰减趋势,从附加最大主应力分布图中能明显看到应力衰减圈,其中附加最大主应力沿水平方向的衰减速度比沿深度方向的衰减速度要快很多。

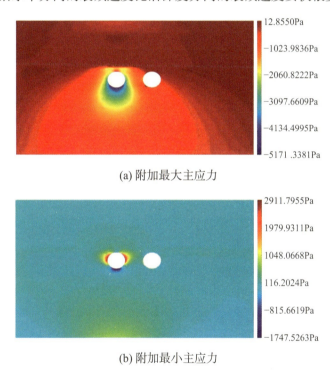

(a) 附加最大主应力

(b) 附加最小主应力

图 4.5-4 列车荷载下地基土体的附加主应力分布

图 4.5-5 为列车通过左侧隧道时,隧道基底正下方土体不同深度处附加垂向正应力的时程图及典型时刻附加垂向应力沿深度的分布图。计算结果表明,不同位置处的应力时程曲线关于时刻 $t = 4.04s$ 呈对称分布,$t = 4.04s$ 为列车中部到达拾振断面时刻。附加垂向应力随列车驶近和驶离拾振断面的过程,呈先增大后减小的变化趋势。由列车运行引起粉细砂地层中的最大垂向应力值约为 4.8kPa。粉细砂地基土中的附加垂向应力随深度增加而减小,在距隧道底部 15m 的范围内,其衰减较为迅速,而在距隧道底部 15m 的范围外,其衰减速度相对较慢。具体来说,在列车中部到达时刻,地基土附加垂向正应力在紧邻隧道基底处为 4.8kPa,而在隧道下方 15m 处仅约为 1.9kPa,衰减约 60%。列车第一轴到达时刻与列车最后一轴到达时刻地基土垂向应力沿深度方向的分布规律基本一致,在不同深度处的

量值均小于列车中部达到时刻的量值。

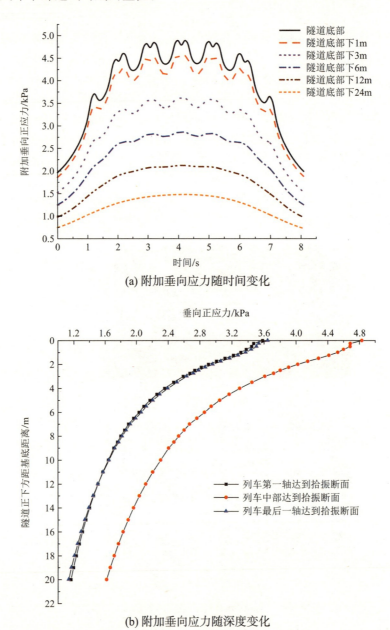

(a) 附加垂向应力随时间变化

(b) 附加垂向应力随深度变化

图 4.5-5　隧道地基土体的附加垂向正应力曲线

列车荷载作用下地基土中的动偏应力水平是影响地层长期沉降的最重要指标（姚兆明等，2011、2012；张冬梅等，2015）。因此，需要对列车运行引发粉细砂地层动偏应力的空间分布规律及随时间的变化规律进行研究。地基土的动偏应力 q_d 可由下式计算得到：

$$q_d = \sqrt{3J_2}$$
$$= \sqrt{\frac{1}{2}(\sigma_x - \sigma_y)^2 + (\sigma_y - \sigma_z)^2 + (\sigma_z - \sigma_x)^2 + 3(\tau_{xy}^2 + \tau_{yz}^2 + \tau_{zx}^2)} \quad (4.5\text{-}6)$$

式中: J_2——第二应力不变量;

σ_x、σ_y、σ_z、τ_{xy}、τ_{yz}、τ_{zx}——相应动应力分量。

图 4.5-6 为列车通过左侧隧道时,隧道基底正下方土体不同深度处动偏应力的时程图及典型时刻动偏应力沿深度的分布图。计算结果表明,不同位置处的动偏应力时程曲线关于时刻 t = 4.04s 呈对称分布。地基土的动偏应力随列车驶近和驶离拾振断面的过程,呈先增大后减小的变化趋势。不同于附加垂向正应力的分布规律,在深度方向上,动偏应力先是从隧道底部向下逐渐增大,在隧道底部以下约 1m 处达到最大值 3.5kPa(列车中部轮轴到达拾振断面时),而后随深度的增加逐渐减小。在距隧道底部 15m 的范围内衰减得较为迅速,但其衰减速度明显慢于垂向应力沿深度方向的衰减。具体来说,在列车中部达到时刻,地基土动偏应力在隧道下方 15m 处为 2.15kPa,为动偏应力最大值 3.5kPa 的 61%,约衰减了 39%。列车第一轴到达时刻与列车最后一轴到达时刻地基土动偏应力沿深度方向的分布规律基本一致,且在不同深度处的量值均小于列车中部达到时刻的响应量值。

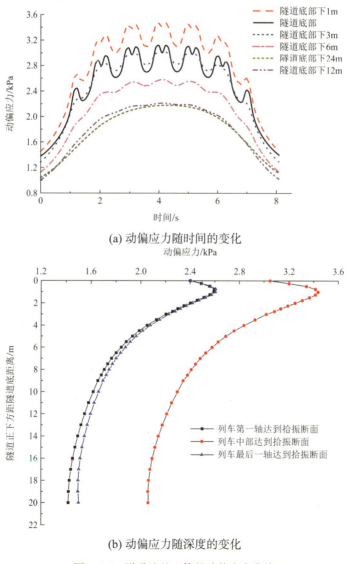

(a) 动偏应力随时间的变化

(b) 动偏应力随深度的变化

图 4.5-6 隧道地基土体的动偏应力曲线

4.5.4 隧道地基土体长期沉降计算

依据列车振动荷载作用下粉细砂地层的动偏应力计算结果，结合粉细砂在循环荷载作用下的累积变形特征，采用分层总和法，进一步计算分析列车振动荷载诱发的粉细砂地层及结构的长期沉降。对于粉细砂在循环荷载作用下的累积变形特征，本节在第 3.3 节提出的经验公式基础上，采用另外一个基于理论分析及大量动三轴试验总结出的经验公式（姚兆明等，2011）：

$$\varepsilon = \left(\frac{p_0}{p_a}\right)^{C_P} \cdot \left(\frac{q_d}{q_{ult}}\right)^{C_D} \cdot C_{N1} \cdot [\ln(N+1)]^{C_{N2}} \tag{4.5-7}$$

式中： p_0 ——初始平均固结应力；

p_a ——大气压强，取为 101kPa；

N ——循环振动次数；

C_{N1}、C_{N2}、C_P、C_D ——相关参数，依据姚兆明等（2011）的试验结果及本研究区段粉细砂地层的物理力学参数，上述参数取值分别为 0.000814，1.962，0.858，1.388；

q_{ult} ——粉细砂的排水极限强度，可由公式 $q_{ult} = M_P \cdot \sigma'_{3c}/(3 - M_P)$ 计算得到；$M_P = 6\sin\varphi/(3 - \sin\varphi)$，$\varphi$ 为粉细砂静力三轴剪切破坏时的内摩擦角。

本节在分析地基土体及隧道长期沉降时同样仅考虑单一隧道行车对长期沉降的影响。图 4.5-7 为采用上述方法计算得到的车致隧道沉降及实测隧道总沉降随运营时间的变化规律比较图，其中实测隧道总沉降综合了列车运营振动、周边作业和渗漏水等诱发的沉降。此处隧道的沉降近似等效于其正下方地基土的沉降值。

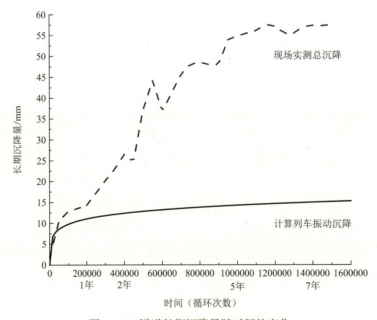

图 4.5-7　隧道长期沉降量随时间的变化

从图 4.5-7 可以看出，在粉细砂地层中，因列车振动荷载诱发隧道结构的长期沉降随着运营时间的增加而增大。隧道沉降在通车后 1 年发展迅速，而后缓慢增长并逐步趋于稳定。经综合调查，本研究区段在地铁通车 1.5 年后周边开始有其他建设工程，其建设开发密度陆续加大。对比本节计算的隧道沉降和现场实测的数据发现，通车 1 年内，当地铁未受周边建筑活动影响时，计算沉降值与实测沉降值的变化趋势基本相同，且计算值（11.2mm）约为现场实测值（14.3mm）的 78%，两者的吻合程度是较好的，也证明了本章所提方法及计算结果的合理性。另外，列车振动荷载作用引发粉细砂地层的长期沉降量约为 15.1mm，约占目前隧道实际发生沉降总量的 26%，即对于地铁建成后再进行周边大规模开发建设的区域，粉细砂地层中的地铁沉降主要是由于周边施工扰动和降水等外部因素导致的。

图 4.5-8 给出了地铁运营 7 年后，由列车振动引发地基土体长期沉降沿深度的分布规律。从图中看出，随着深度的增加，粉细砂地基的沉降值迅速减小；在列车振动荷载作用下，隧道基底下粉细砂地层在距隧道底部 20m 深度处的沉降量值约为 1.5mm，约为最大沉降值的 10%。

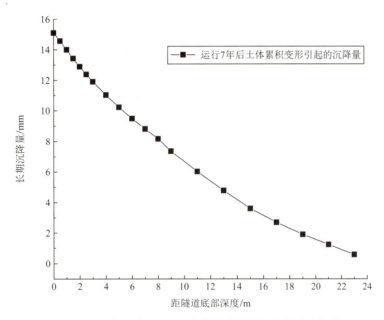

图 4.5-8 列车振动引发地基长期沉降量沿深度的分布规律

4.6 本章小结

本章通过建立列车-轨道-隧道-地层三维仿真动力计算模型，分析列车荷载作用下漫滩二元地层的动力响应规律，并利用显式经验公式结合分层总和法计算车致隧道长期沉降，并对沉降机理进行分析，主要得到以下结论：

（1）列车振动荷载作用下，隧道地基土体的附加应力分布规律为：①地基土中的附加最大主应力最大值出现在隧道基底正下方处，附加最小主应力最大值出现在紧邻隧道拱腰至拱肩的土体中,附加最大主应力沿水平方向的衰减速度比沿深度方向要快很多。②列车第一轴到达拾振断面 1.5s 时,附加竖向动应力达到最大值,并随着列车持续运行基本保持不变,随后当列车驶离拾振断面后,附加竖向动应力迅速消失。附加竖向动应力沿深度方向呈现快速递减趋势,在隧道正下方 15m 处的土体附加应力衰减超过 60%。

(2)动偏应力水平是影响车致隧道长期变形的最重要指标。列车第一轴到达拾振断面 1.5s 时,动偏应力达到最大值,并随着列车持续运行基本保持不变,随后当列车驶离拾振断面后,动偏应力迅速消失。动偏应力沿深度方向呈现先增加后减少的趋势,最大值出现在隧道底部下方约 2m 处,在隧道正下方 15m 处衰减约 50%。

(3)本章总结了车致隧道长期沉降的计算方法,细化了指数模型经验公式的各参数计算方法和取值。累积孔隙水压力消散引起的固结沉降在地基总沉降中占比较小,为 10%~25%,特别是粉细砂层的固结沉降更小,说明由于列车振动引发的超孔隙水压力不大,而且粉细砂层中的超孔隙水压消散很快,难以积聚。

(4)当隧道下方淤泥质土层较厚时,运营振动引起的沉降在 10 年时可超过 80mm,运营 100 年时可超过 130mm;当淤泥质土层厚度超过 9m 后,其厚度变化对总沉降量影响较小。隧道完全位于深厚中密粉细砂层时,其运营 100 年时的沉降仅约为淤泥质土层中的 20.2%。因此,应特别关注深厚淤泥质土层中的隧道长期沉降,若类似土层中的隧道沉降较大,需要对隧底下方深厚淤泥质土体进行加固,建议加固深度为 9m。

(5)车致隧道沉降主要发生在地铁运营初期。运营 1 年时的沉降量约占到运营 10 年时总沉降量的 61%~77%,占 100 年时总沉降量的 37%~58%。说明第 1 年发生的沉降量占到 100 年总沉降量的 1/3~1/2,因此应严格控制地铁运营初期振动诱发的隧道及其下部土层沉降。

(6)车型对隧道长期振动引发的沉降有较大影响。6B 编组列车长期运营振动引起的沉降量是 6A 编组列车的 76%。

(7)地铁列车振动引起的隧道地基土体的动力响应及其变形是一个非常复杂且受各种因素干扰的耦合系统。本章在三维动力仿真模型的基础上,又给出了一种便捷的计算方法,即轨道-隧道-地基的 2.5 维数值计算模型,计算一次列车加载作用下土体的动应力响应。

第 5 章

基坑卸载引起的地铁隧道变形计算

第 5 章 基坑卸载引起的地铁隧道变形计算

漫滩二元地层上的各种外部作业类型中,对地铁隧道影响最普遍和影响程度最大的一类是邻近基坑开挖和降水。当基坑采用全封闭止水帷幕时,隧道主要受基坑开挖卸载的影响;当基坑采用悬挂式止水帷幕时,隧道同时受基坑卸载和降水的影响。基坑降水对隧道变形的影响在本书第 6 章进行研究。目前,基坑卸载对邻近地铁隧道的研究方法主要有数值模拟计算、现场实测分析和两阶段理论公式法。数值模拟和现场实测方法中各种影响因素掺杂在一起,难以分清各因素的影响占比及影响规律等。因此,为全面系统地分析漫滩二元地层中基坑工程各因素对地铁隧道变形的影响规律,本章主要采用理论公式推导的解析法,提出计算公式和方法,进行影响规律和参数敏感性分析,并重点讨论了以下两个问题:

(1)基坑侧壁卸载引起侧向隧道的附加荷载和变形的计算方法,以及相关参数敏感性分析。

(2)基坑坑底卸载引起下方隧道的附加荷载和变形的计算方法,以及相关参数敏感性分析。

5.1 基坑卸载引起侧向隧道的附加荷载计算

针对基坑卸载引起的邻近隧道附加荷载理论计算公式,现有的研究成果(陈郁等,2005;张治国等,2011;姜兆华等,2013;周杰等,2017;魏纲等,2018)主要存在以下不足之处:

(1)现有成果大都认为坑底卸载产生的向上附加应力会导致坑外的隧道隆起。但采用桩(墙)围护结构型式的基坑,当围护结构插入比较大时,坑外的隧道大都是沉降的,这主要是由于围护结构把坑内外土体进行了隔离。而且基坑开挖后,坑内外的竖向土压力差也会导致坑外土体绕着围护结构底部向坑内滑移,进而导致坑外土体沉降,如图 5.1-1 所示,这是目前绝大部分研究中未考虑的。基于围护结构对坑内外土体的阻隔作用和坑内外土压力差导致的坑外沉降难以计算,且坑底卸载对邻近侧向隧道影响较小,因此,针对采用桩(墙)围护结构型式的基坑,可以不计算坑底卸载对坑外隧道附加荷载的影响。

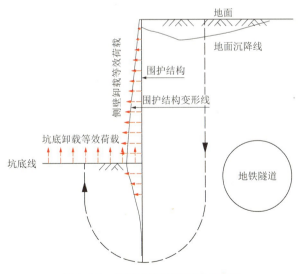

图 5.1-1 基坑开挖卸载影响示意图

(2)针对侧壁卸载引起坑外附加应力的计算,有些研究成果中引入了"基坑围护结构

应力损失率 β"的概念（魏纲等，2018），但是未明确其计算过程和方法，或是直接通过有限元计算得到，缺少理论推导过程。

（3）针对侧壁卸载引起坑外附加应力的计算，现有研究成果只考虑了坑底以上围护结构侧壁的卸载。坑底以下围护结构在被动土压力的作用下，虽然卸荷效应会快速减弱，但坑底以下一定深度内围护结构仍会发生向坑内的移动，即仍发生侧壁卸载。另外，现有研究成果也未考虑土体黏聚力对侧壁卸载的影响。

因此，针对采用桩（墙）围护结构形式的基坑，本章针对上述三方面的不足进行改进。一是不再考虑坑底卸载导致的坑外附加应力；二是根据朗肯土压力理论，明确了侧壁卸载引起的等效荷载的具体计算公式；三是计算过程中纳入了坑底以下一定范围内侧壁卸载产生的等效荷载，并考虑了土体黏聚力的影响。

5.1.1 基坑侧壁卸载的等效荷载计算

（1）基本假定及计算简图

针对基坑开挖引起邻近侧向隧道附加荷载的计算主要做如下假定：

①土体为均质的半无限空间弹性体，且不考虑基坑降水和开挖时空效应的影响，针对降水影响在本章第 5.3 节单独进行分析；②基坑为平行于隧道纵向轴线方向的矩形基坑，针对与隧道不平行的非矩形基坑，可根据基坑平面面积和与隧道距离等效的原则进行基坑形状和位置的等效近似；③不考虑基坑内支撑、坑底加固等因素对基坑侧壁主动和被动土压力的影响，即等效荷载按照三角形或梯形分布。

基坑侧壁卸载对邻侧向隧道影响的力学计算简图如图 5.1-2、图 5.1-3 所示。以基坑平面中心点在地表的投影点为原点建立直角坐标系，垂直于隧道轴向方向为 x 轴，沿隧道纵向轴线方向为 y 轴，沿基坑深度方向为 z 轴；基坑长度为 L，宽度为 W，开挖深度为 h_0，距既有地铁隧道的净距为 S，隧道外径为 D，隧道底部埋深为 H。基坑侧壁编号按逆时针方向如图 5.1-2 所示。基坑侧壁 1、2、4 卸载会在隧道位置处产生附加应力，侧壁 3 卸载受到基坑的阻隔，可近似认为附加应力无法传递到隧道处。

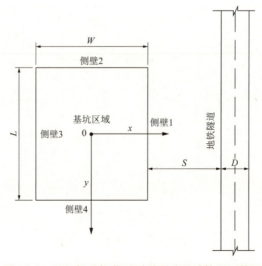

图 5.1-2　基坑侧壁卸载对隧道影响的计算平面简图

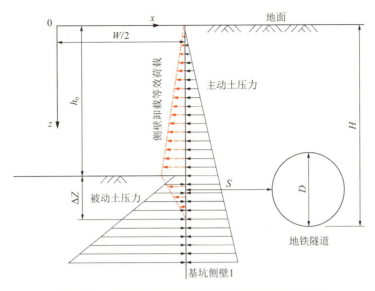

图 5.1-3 基坑侧壁卸载对隧道影响的计算剖面简图

（2）基坑侧壁卸载等效荷载计算公式

基坑土体未开挖时，侧壁处土体处于原始受力状态，即任意深度z处的土体竖向应力为$\gamma_m z$，水平向应力为$K_0\gamma_m z$；当基坑土体开挖后，紧靠侧壁后方的土体竖向受力近似不变，水平向受力可近似为主动土压力，即水平向应力为$K_a\gamma_m z - 2c_m\sqrt{K_a}$；基坑底以下的坑内侧土体水平向受力近似为被动土压力，即水平向应力为$K_p\gamma_m(z-h_0) + 2c_m\sqrt{K_p}$。$K_0$、$K_a$、$K_p$分别为静止土压力系数、主动土压力系数和被动土压力系数；γ_m、c_m分别为z处以上土体的加权平均重度和黏聚力。

基于基坑开挖前后，基坑内外侧土体应力状态的变化和受力平衡的原则，得到作用在基坑侧壁后方土体的等效荷载如下：

作用在单位面积（m²）基坑底以上侧壁的等效荷载为：

$$\Delta p_1 = K_0\gamma_m z - (K_a\gamma_m z - 2c_m\sqrt{K_a})(0 \leqslant z \leqslant h_0) \tag{5.1-1}$$

作用在单位面积（m²）基坑底以下侧壁的等效荷载为：

$$\begin{aligned}\Delta p_2 &= K_0\gamma_m z - (K_a\gamma_m z - 2c_m\sqrt{K_a}) - [K_p\gamma_m(z-h_0) + 2c_m\sqrt{K_p}] \\ &= (K_0 - K_a)\gamma_m h_0 + 2c_m\sqrt{K_a} - \frac{z-h_0}{\Delta z}[(K_0 - K_a)\gamma_m h_0 + 2c_m\sqrt{K_a}] \\ &\quad (h_0 < z \leqslant h_0 + \Delta z)\end{aligned} \tag{5.1-2}$$

式中：Δz——坑底以下侧壁卸载的影响深度，即侧壁卸载等效荷载为零的位置距坑底的距离，当$\Delta p_2 = 0$为零时，计算得到：

$$\Delta z = \frac{(K_0 - K_a)\gamma_m h_0 - 2c_m(\sqrt{K_p} - \sqrt{K_a})}{(K_p - K_0 + K_a)\gamma_m} \tag{5.1-3}$$

5.1.2 基坑侧壁卸载产生的附加应力计算

1）土体中的附加应力公式

已知土体中某处施加的荷载，根据 Mindlin 基本应力解进行积分，可求解出土体中任意位置处的水平附加应力和竖向附加应力。

（1）侧壁 1 卸载等效荷载在土体中产生的附加应力

由于坑底以上和以下的水平附加荷载计算公式不同，因此分开求解，最后叠加求和。假定侧壁 1 上的任意一点$(W/2, s, t)$的微小单元荷载为$\Delta p^1 \, \mathrm{d}s \, \mathrm{d}t$，基于 Mindlin 解，可求得基坑外任意某一点(x_1, y_1, z_1)处的水平附加应力σ_x^1和竖向附加应力σ_z^1。

对于侧壁 1 坑底以上的等效附加荷载$\Delta p_1^1 \, \mathrm{d}s \, \mathrm{d}t$产生的水平和竖向附加应力$\sigma_{x1}^1$、$\sigma_{z1}^1$的计算公式如下：

$$\begin{aligned}
\sigma_{x1}^1 = & -\frac{(K_0 - K_a)\gamma_m(x_1 - W/2)}{8\pi(1-\mu)} \int_{-L/2}^{L/2} \int_0^{h_0} \left\{ \frac{1-2\mu}{R_1^3} - \right. \\
& \frac{(1-2\mu)(5-4\mu)}{R_2^3} + \frac{3(x_1 - W/2)^2}{R_1^5} + \frac{3(3-4\mu)(x_1 - W/2)^2}{R_2^5} + \\
& \frac{4(1-\mu)(1-2\mu)}{R_2(R_2 + z_1 + t)^2} \cdot \left[3 - \frac{(x_1 - W/2)^2(3R_2 + z_1 + t)}{R_2^2(R_2 + z_1 + t)} \right] - \\
& \frac{6t}{R_2^5}\left[3t - (3 - 2\mu)(z_1 + t) + \frac{5(x_1 - W/2)^2 z_1}{R_2^2} \right] \right\} \cdot \\
& \left[t + \frac{2c_m\sqrt{K_a}}{(K_0 - K_a) \cdot \gamma_m} \right] \mathrm{d}s \, \mathrm{d}t
\end{aligned} \quad (5.1\text{-}4)$$

$$\begin{aligned}
\sigma_{z1}^1 = & -\frac{(K_0 - K_a)\gamma_m(x_1 - W/2)}{8\pi(1-\mu)} \int_{-L/2}^{L/2} \int_0^{h_0} \left\{ \frac{-1+2\mu}{R_1^3} + \frac{1-2\mu}{R_2^3} + \right. \\
& \frac{3(z_1 - t)^2}{R_1^5} + \frac{3(3-4\mu)(z_1 + t)^2}{R_2^5} - \frac{6t}{R_2^5} \cdot \\
& \left. \left[t + (1-2\mu)(z_1 + t) + \frac{5z_1(z_1 + t)^2}{R_2^2} \right] \right\} \left[t + \frac{2c_m\sqrt{K_a}}{(K_0 - K_a) \cdot \gamma_m} \right] \mathrm{d}s \, \mathrm{d}t
\end{aligned} \quad (5.1\text{-}5)$$

对于侧壁 1 坑底以下的等效附加荷载$\Delta p_2^1 \, \mathrm{d}s \, \mathrm{d}t$产生的水平和竖向附加应力$\sigma_{x2}^1$、$\sigma_{z2}^1$的计算公式如下：

$$\begin{aligned}
\sigma_{x2}^1 = & -\frac{[(K_0 - K_a) \cdot \gamma_m \cdot h_0 + 2c\sqrt{K_a}] \cdot (x_1 - W/2)}{8\pi(1-\mu)} \int_{-L/2}^{L/2} \int_{h_0}^{h_0+\Delta z} \left\{ \frac{1-2\mu}{R_1^3} - \right. \\
& \frac{(1-2\mu)(5-4\mu)}{R_2^3} + \frac{3(x_1 - W/2)^2}{R_1^5} + \frac{3(3-4\mu)(x_1 - W/2)^2}{R_2^5} + \\
& \frac{4(1-\mu)(1-2\mu)}{R_2(R_2 + z_1 + t)^2} \left[3 - \frac{(x_1 - W/2)^2(3R_2 + z_1 + t)}{R_2^2(R_2 + z_1 + t)} \right] - \\
& \left. \frac{6t}{R_2^5}\left[3t - (3 - 2\mu)(z_1 + t) + \frac{5(x_1 - W/2)^2 z_1}{R_2^2} \right] \right\} \left(1 - \frac{t - h_0}{\Delta z} \right) \mathrm{d}s \, \mathrm{d}t
\end{aligned} \quad (5.1\text{-}6)$$

$$\sigma_{z2}^{1} = -\frac{[(K_0-K_a)\gamma_m \cdot h_0 + 2c\sqrt{K_a}](x_1-W/2)}{8\pi(1-\mu)} \int_{-L/2}^{L/2}\int_{h_0}^{h_0+\Delta z}\left\{\frac{-1+2\mu}{R_1^3}+\right.$$

$$\frac{1-2\mu}{R_2^3}+\frac{3(z_1-t)^2}{R_1^5}+\frac{3(3-4\mu)(z_1+t)^2}{R_2^5}-$$

$$\left.\frac{6t}{R_2^5}\left[t+(1-2\mu)(z_1+t)+\frac{5z_1(z_1+t)^2}{R_2^2}\right]\right\}\left(1-\frac{t-h_0}{\Delta z}\right)\mathrm{d}s\,\mathrm{d}t \tag{5.1-7}$$

式中：$R_1 = \sqrt{(x_1-W/2)^2+(y_1-s)^2+(z_1-t)^2}$；

$R_2 = \sqrt{(x_1-W/2)^2+(y_1-s)^2+(z_1+t)^2}$；

$\sigma_x^1 = \sigma_{x1}^1 + \sigma_{x2}^1$；$\sigma_z^1 = \sigma_{z1}^1 + \sigma_{z2}^1$。

（2）侧壁 2 卸载等效荷载在土体中产生的附加应力

基坑侧壁 2 的求解过程同侧壁 1，不同之处主要是坐标点的差异。假定基坑侧壁 2 上的任意一点$(r,-L/2,t)$的微小单元荷载为$\Delta p^2\,\mathrm{d}r\,\mathrm{d}t$，基于 Mindlin 解，可求得基坑外任意某一点(x_1,y_1,z_1)处的水平附加应力σ_x^2和竖向附加应力σ_z^2。

对于侧壁 2 坑底以上的等效附加荷载$\Delta p_1^2\,\mathrm{d}r\,\mathrm{d}t$产生的水平和竖向附加应力$\sigma_{x1}^2$、$\sigma_{z1}^2$的计算公式如下：

$$\sigma_{x1}^2 = -\frac{(K_0-K_a)\cdot\gamma_m(y_1+L/2)}{8\pi(1-\mu)}\int_{-W/2}^{W/2}\int_0^{h_0}\left\{\frac{-1+2\mu}{R_3^3}-\right.$$

$$\frac{(1-2\mu)(3-4\mu)}{R_4^3}+\frac{3(y_1+L/2)^2}{R_3^5}+\frac{3(3-4\mu)(y_1+L/2)^2}{R_4^5}+$$

$$\frac{4(1-\mu)(1-2\mu)}{R_4(R_4+z_1+t)^2}\left[1-\frac{(y_1+L/2)^2(3R_4+z_1+t)}{R_4^2(R_4+z_1+t)}\right]- \tag{5.1-8}$$

$$\left.\frac{6t}{R_2^5}\left[t-(1-2\mu)(z_1+t)+\frac{5(y_1+L/2)^2 z_1}{R_4^2}\right]\right\}\left[t+\frac{2c_m\sqrt{K_a}}{(K_0-K_a)\gamma_m}\right]\mathrm{d}r\,\mathrm{d}t$$

$$\sigma_{z1}^2 = -\frac{(K_0-K_a)\gamma_m(y_1+L/2)}{8\pi(1-\mu)}\int_{-W/2}^{W/2}\int_0^{h_0}\left\{\frac{-1+2\mu}{R_3^3}+\right.$$

$$\frac{1-2\mu}{R_4^3}+\frac{3(z_1-t)^2}{R_3^5}+\frac{3(3-4\mu)(z_1+t)^2}{R_4^5}- \tag{5.1-9}$$

$$\left.\frac{6t}{R_4^5}\left[t+(1-2\mu)(z_1+t)+\frac{5z_1(z_1+t)^2}{R_4^2}\right]\right\}\left[t+\frac{2c_m\sqrt{K_a}}{(K_0-K_a)\cdot\gamma_m}\right]\mathrm{d}r\,\mathrm{d}t$$

对于侧壁 2 坑底以下的等效附加荷载$\Delta p_2^2\,\mathrm{d}r\,\mathrm{d}t$产生的水平和竖向附加应力$\sigma_{x2}^2$、$\sigma_{z2}^2$的计算公式如下：

$$\sigma_{x2}^2 = -\frac{[(K_0 - K_a)\gamma_m h_0 + 2c_m\sqrt{K_a}](x_1 - W/2)}{8\pi(1-\mu)}$$

$$\int_{-W/2}^{W/2}\int_{h_0}^{h_0+\Delta z}\left\{\frac{-1+2\mu}{R_3^3} - \frac{(1-2\mu)(3-4\mu)}{R_4^3} + \right.$$

$$\frac{3(y_1 + L/2)^2}{R_3^5} + \frac{3(3-4\mu)(y_1 + L/2)^2}{R_4^5} + \tag{5.1-10}$$

$$\frac{4(1-\mu)(1-2\mu)}{R_4(R_4 + z_1 + t)^2}\left[1 - \frac{(y_1 + L/2)^2(3R_4 + z_1 + t)}{R_4^2(R_4 + z_1 + t)}\right] -$$

$$\left.\frac{6t}{R_4^5}\left[t - (1-2\mu)(z_1 + t) + \frac{5(y_1 + L/2)^2 z_1}{R_4^2}\right]\right\}\left(1 - \frac{t - h_0}{\Delta z}\right)\mathrm{d}r\,\mathrm{d}t$$

$$\sigma_{z2}^2 = -\frac{[(K_0 - K_a)\gamma_m h_0 + 2c_m\cdot\sqrt{K_a}](x_1 - W/2)}{8\pi(1-\mu)}$$

$$\int_{-W/2}^{W/2}\int_{h_0}^{h_0+\Delta z}\left\{\frac{-1+2\mu}{R_3^3} + \frac{1-2\mu}{R_4^3} + \frac{3(z_1 - t)^2}{R_3^5} + \right.$$

$$\frac{3(3-4\mu)(z_1 + t)^2}{R_4^5} - \tag{5.1-11}$$

$$\left.\frac{6t}{R_4^5}\left[t + (1-2\mu)(z_1 + t) + \frac{5z_1(z_1 + t)^2}{R_4^2}\right]\right\}\left(1 - \frac{t - h_0}{\Delta z}\right)\mathrm{d}r\,\mathrm{d}t$$

式中：$R_3 = \sqrt{(x_1 - r)^2 + (y_1 + L/2)^2 + (z_1 - t)^2}$；

$R_4 = \sqrt{(x_1 - r)^2 + (y_1 + L/2)^2 + (z_1 + t)^2}$；

$\sigma_x^2 = \sigma_{x1}^2 + \sigma_{x2}^2$；$\sigma_z^2 = \sigma_{z1}^2 + \sigma_{z2}^2$。

（3）侧壁 4 卸载等效荷载在土体中产生的附加应力

基坑侧壁 4 的求解过程同侧壁 1，不同之处主要是坐标点的差异。假定基坑侧壁 4 上的任意一点 $(r, L/2, t)$ 的微小单元荷载为 $\Delta p^4 \mathrm{d}r\,\mathrm{d}t$，基于 Mindlin 解，可求得基坑外任意某一点 (x_1, y_1, z_1) 处的水平附加应力 σ_x^4 和竖向附加应力 σ_z^4。

对于侧壁 4 坑底以上的等效附加荷载 $\Delta p_1^4 \mathrm{d}r\,\mathrm{d}t$ 产生的水平和竖向附加应力 σ_{x1}^4、σ_{z1}^4 的计算公式如下：

$$\sigma_{x1}^4 = \frac{(K_0 - K_a)\gamma_m(y_1 - L/2)}{8\pi(1-\mu)}\int_{-W/2}^{W/2}\int_0^{h_0}\left\{\frac{-1+2\mu}{R_5^3} - \right.$$

$$\frac{(1-2\mu)(3-4\mu)}{R_6^3} + \frac{3(y_1 - L/2)^2}{R_5^5} + \frac{3(3-4\mu)(y_1 - L/2)^2}{R_6^5} +$$

$$\frac{4(1-\mu)(1-2\mu)}{R_6(R_6 + z_1 + t)^2}\left[1 - \frac{(y_1 - L/2)^2(3R_6 + z_1 + t)}{R_6^2(R_6 + z_1 + t)}\right] - \tag{5.1-12}$$

$$\left.\frac{6t}{R_6^5}\left[t - (1-2\mu)(z_1 + t) + \frac{5(y_1 - L/2)^2 z_1}{R_6^2}\right]\right\}\cdot$$

$$\left[t + \frac{2c_m\sqrt{K_a}}{(K_0 - K_a)\gamma_m}\right]\mathrm{d}r\,\mathrm{d}t$$

$$\sigma_{z1}^4 = -\frac{(K_0 - K_a)\gamma_m(y_1 - L/2)}{8\pi(1-\mu)} \int_{-W/2}^{W/2} \int_0^{h_0} \left\{ \frac{-1+2\mu}{R_5^3} + \right.$$

$$\frac{1-2\mu}{R_6^3} + \frac{3(z_1-t)^2}{R_5^5} + \frac{3(3-4\mu)(z_1+t)^2}{R_6^5} - \frac{6t}{R_6^5} \left[t + \right. \tag{5.1-13}$$

$$\left. \left. (1-2\mu)(z_1+t) + \frac{5z_1(z_1+t)^2}{R_6^2} \right] \right\} \left[t + \frac{2c_m\sqrt{K_a}}{(K_0-K_a)\gamma_m} \right] dr\, dt$$

对于侧壁 4 坑底以下的等效附加荷载 $\Delta p_2^4\, dr\, dt$ 产生的水平和竖向附加应力 σ_{x2}^4、σ_{z2}^4 的计算公式如下：

$$\sigma_{x2}^4 = \frac{[(K_0-K_a)\gamma_m z + 2c_m\sqrt{K_a}](y_1-L/2)}{8\pi(1-\mu)} \int_{-W/2}^{W/2} \int_{h_0}^{h_0+\Delta z} \left\{ \frac{-1+2\mu}{R_5^3} - \right.$$

$$\frac{(1-2\mu)(3-4\mu)}{R_6^3} + \frac{3(y_1-L/2)^2}{R_5^5} + \frac{3(3-4\mu)(y_1+L/2)^2}{R_6^5} + \tag{5.1-14}$$

$$\frac{4(1-\mu)(1-2\mu)}{R_6(R_6+z_1+t)^2} \left[1 - \frac{(y_1-L/2)^2(3R_4+z_1+t)}{R_6^2(R_6+z_1+t)} \right] -$$

$$\left. \frac{6t}{R_6^5} \left[t - (1-2\mu)(z_1+t) + \frac{5(y_1-L/2)^2 z_1}{R_6^2} \right] \right\} \left(1 - \frac{t-h_0}{\Delta z} \right) dr\, dt$$

$$\sigma_{z2}^4 = \frac{[(K_0-K_a)\gamma_m h_0 + 2c_m\sqrt{K_a}](y_1-L/2)}{8\pi(1-\mu)} \int_{-W/2}^{W/2} \int_{h_0}^{h_0+\Delta z} \left\{ \frac{-1+2\mu}{R_5^3} + \right.$$

$$\frac{1-2\mu}{R_6^3} + \frac{3(z_1-t)^2}{R_5^5} + \frac{3(3-4\mu)(z_1+t)^2}{R_6^5} \frac{6t}{R_6^5} \cdot \tag{5.1-15}$$

$$\left. \left[t + (1-2\mu)(z_1+t) + \frac{5z_1(z_1+t)^2}{R_6^2} \right] \right\} \left(1 - \frac{t-h_0}{\Delta z} \right) dr\, dt$$

式中：$R_5 = \sqrt{(x_1-r)^2 + (y_1-L/2)^2 + (z_1-t)^2}$；

$R_6 = \sqrt{(x_1-r)^2 + (y_1-L/2)^2 + (z_1+t)^2}$；

$\sigma_x^4 = \sigma_{x1}^4 + \sigma_{x2}^4$；$\sigma_z^4 = \sigma_{z1}^4 + \sigma_{z2}^4$。

（4）基坑侧壁卸载等效荷载在土体中产生的总附加应力

总附加应力等于三个侧壁 1、2、4 所产生的附加应力之和。

$$\sigma_x = \sigma_x^1 + \sigma_x^2 + \sigma_x^4 \tag{5.1-16}$$

$$\sigma_z = \sigma_z^1 + \sigma_z^2 + \sigma_z^4 \tag{5.1-17}$$

2）基于 Matlab 编程的土体附加应力计算

依据 Mindlin 积分公式所求的总附加应力公式 σ_x 和 σ_z 按照传统求解思路，寻找被积分函数的原函数是非常困难的。上述附加应力的原函数，很难用初等函数表示，甚至无法有解析表达式。针对上述复杂的积分函数，采用 Gauss-Legendre 数值积分，可以克服求 σ_x 和 σ_z 的原函数问题，将其转换为求解积分函数上函数值的问题，并具有精度高、快速收敛和计算稳定的特点。

Gauss-Legendre 积分可以按图 5.1-4 所示计算。任意函数 $f(x)$ 在 $[L_1, L_2]$ 区间内的积分可等价于式(5.1-18)，任意的积分函数等效为多个函数节点值 $f(s)$ 与权重 w 的乘积之和。

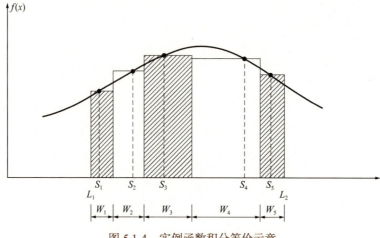

图 5.1-4 实例函数积分等价示意

$$\int_{L_1}^{L_2} f(s)\,\mathrm{d}s = \sum_{i=1}^{N} f(s_i) \cdot W_i \tag{5.1-18}$$

对总附加应力公式 σ_x 和 σ_z 可按式(5.1-19)进行描述。L_1、L_2、d_1 和 d_2 为求值积分的上下限值，s、t 代表积分区域内的点：

$$\sigma = \int_{L_1}^{L_2} \int_{d_1}^{d_2} f(s,t)\,\mathrm{d}s\,\mathrm{d}t \tag{5.1-19}$$

根据数值积分算式，式(5.1-19)等价于多个 Gauss 积分点与权重的乘积，等价公式如下：

$$\int_{L_1}^{L_2} \int_{d_1}^{d_2} f(s,t)\,\mathrm{d}s\,\mathrm{d}t = \sum_{i=1}^{n}\sum_{j=1}^{n} f(s_i,t_i) \cdot w_i \cdot w_j \tag{5.1-20}$$

根据 Gauss-Legendre 积分公式所知，积分点 (s,t) 和权重 w 可按照表 5.1-1 进行取值，其中 k 代表采用几个积分点，k 值越大求解的精度越高。

积分点和权重取值   表 5.1-1

k	积分点 (s,t)	权重 (w)
1	0	2
2	±0.5773502	1
3	±0.7745966 0	0.5555556 0.8888889
4	±0.7745966 ±0.3399810	0.3478548 0.6521451
5	±0.9061798 ±0.5384693 0	0.2369269 ±0.4786287 0.56888889

计算采用 Matlab 软件编程，利用五点 Gauss-Legendre（$k=5$）数值积分的方法进行计算。

选取的积分点：

$$s = [-0.9061798, 0.9061798, -0.5384693, 0.5384693, 0](L_2-L_1)/2 + (L_2+L_1)/2$$

$$t = [-0.9061798, 0.9061798, -0.5384693, 0.5384693, 0](d_2-d_1)/2 + (d_2+d_1)/2$$

积分权重：

$$w = [0.2369269, 0.2369269, 0.4786287, 0.4786287, 0.5688889](L_2-L_1) \cdot (d_2-d_1)/4$$

考虑到积分区域逐渐变大时，近似求解的精度会变差，因此，采用有限元的思想，合理地划分被积函数的区间，将大的积分区间划分为多个小区间，然后分段求解得到相对精确解。

$$[L_1, L_2] = n \cdot [\Delta L]$$

对于$[\Delta L]$区间的计算，直接采用 Gauss-Legendre 数值积分，然后多段区间积分和进行叠加计算可求解出整段$[L_1, L_2]$的积分值。

5.2 基坑卸载引起侧向隧道附加荷载的参数敏感性分析

5.2.1 工程算例

某基坑紧邻已运营的地铁隧道进行开挖，场地为典型的长江漫滩二元结构地层，自上而下分布的土层及其物理力学参数见表 5.2-1。假设标准工况下，基坑平面长度L为 80m，宽度W为 40m，深度h_0为 15m，围护结构长度为 30m；地铁隧道外径D为 6.2m，隧道底部埋深H为 15m，基坑侧壁与隧道最小净距S为 10m。

场地土层主要物理力学参数表 表 5.2-1

层号	岩土层名称及状态	厚度 h_i/m	重度γ/(kN/m³)	直剪固快		渗透系数		压缩模量 E_s/MPa	基床系数		泊松比 μ
				c_{cq}/kPa	φ_{cq}/°	K_v/(10^{-6}cm/s)	K_h/(10^{-6}cm/s)		k_v/(MPa/m)	k_h/(MPa/m)	
①₁	松散杂填土	5	19.0	10	15	500	500	4.1	6	6	0.35
②2b4	流塑淤泥质粉质黏土	8	17.6	13.0	16.5	10	15	3.4	4	5	0.43
②3b3-4+d3	软流塑粉质黏土与粉砂互层	3	18.0	11.8	20.0	300	800	4.5	6	8	0.41
②3d3	稍密粉细砂	5	18.2	8.7	28.2	2000		11.5	14	17	0.32
②4d2	中密粉细砂	10	18.5	8.5	30.3	3000		13.0	20	25	0.31
②5d1	密实粉细砂	15	19.0	8.5	32.2	3600		14.0	27	33	0.30
②6d1	密实中粗砂	3	19.8	5	32.6	6000		16.0	30	35	0.29

续表

层号	岩土层名称及状态	厚度h_i/m	重度γ/(kN/m³)	直剪固快		渗透系数		压缩模量	基床系数		泊松比
				c_{cq}/kPa	φ_{cq}/°	K_v/(10^{-6}cm/s)	K_h/(10^{-6}cm/s)	E_s/MPa	k_v/(MPa/m)	k_h/(MPa/m)	μ
③$_{4e}$	含卵砾石中粗砂	8	20.5	5	33.5	9000		18.0	35	40	0.29
K2p-2	粉砂质泥岩	—	21.5	32	21	20		25.0	90	90	0.29

根据表 5.2-1 求得基坑开挖范围内土的加权平均重度$\gamma_m = 18.1$kN/m³、加权平均黏聚力$c_m = 11.8$kPa、加权平均内摩擦角$\varphi_m = 16.5°$、加权平均泊松比$\mu_m = 0.4$。地勘报告中静止土压力系数$K_0 = 0.59$，主动土压力系数$K_a = \tan^2(45° - \varphi_m/2) = 0.55$，被动土压力系数$K_p = \tan^2(45° + \varphi_m/2) = 1.75$。

下面主要针对基坑平面长度L、宽度W、开挖深度h_0、基坑和隧道的最小净距S等参数变化对隧道附加荷载的影响进行分析，并探究影响规律。

5.2.2 基坑几何参数对侧向隧道附加荷载的影响分析

1. 基坑长度L对侧向隧道附加荷载的影响分析

按照工程算例中的标准工况，其他参数保持不变，只改变基坑平面长度L，分别取为：20m、40m、60m、80m、100m、120m、140m，分析基坑长度对隧道附加荷载的影响规律。隧道水平附加荷载为作用在隧道中心投影竖面上单位长度的荷载，即为隧道中心点的附加应力与隧道外径（6.2m）的乘积。计算结果是基于 Mindlin 应力解和 Matlab 编程得到的。

（1）隧道总水平附加荷载分析

基坑侧壁 1、2、4 卸载引起的隧道水平附加荷载分布曲线及其随基坑长度的变化规律见图 5.2-1 和图 5.2-2。

从图 5.2-1 和图 5.2-2 看出，①由于基坑卸载，导致隧道受到朝向基坑方向的水平附加荷载，沿着隧道纵向轴线方向，基坑中心对应位置处（$y = 0$）的隧道水平附加荷载最大，然后沿着隧道轴线向两侧逐渐减小。②基坑边缘对应位置处（$y = \pm L/2$）的隧道水平附加荷载仅为中心位置处的 50%～70%；基坑边长越小，基坑边缘处对应的附加荷载与中心处的附加荷载比值越大；过了基坑边缘（$|y| > L/2$），附加荷载急剧减少，基坑边缘以外约10m处（约$0.7S$）水平附加荷载减少到10kN/m以下，可认为基坑侧壁卸载对隧道水平附加荷载的主要影响范围为基坑中心至边缘以外 $0.7S$的范围内。③随着基坑长度L的增大，水平附加荷载随之增大，但增幅越来越小；当L由 20m 增大至 40m 时，最大水平附加荷载增大约 39%；当L由 40m 增大至 60m 时，最大水平附加荷载仅增大约 10%；当L达到 60m 后，隧道最大水平附加荷载波动幅度很小，水平附加荷载曲线会出现一个近似平直段；甚至当L达到 80m 后，随着L的增加，隧道最大水平附加荷载会略有减少，这是由于基坑侧壁 2 和 4 卸载对隧道纵向中心处的影响变小了，而侧壁 1 卸载引起的附加荷载基本不变，见图 5.2-3 和图 5.2-4。④在基坑边缘以外一定位置处，水平附加荷载出现反弯点，同样是由于侧壁 2 和 4 卸载导致的。

在实际工程中，当基坑临隧道侧的边长较大时，为尽量减少基坑开挖卸载对隧道的影响，可对基坑进行分坑施工，并进行跳仓开挖，分坑后的基坑长度越小，越有利于减少隧道的附加荷载。

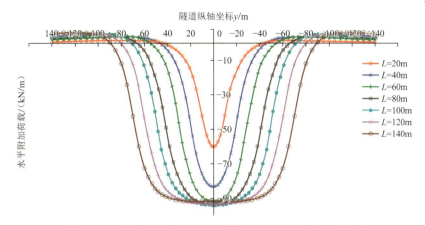

图 5.2-1　基坑长度 L 对隧道水平附加荷载沿纵向分布的影响

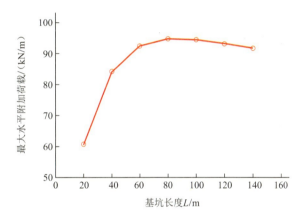

图 5.2-2　隧道最大水平附加荷载随基坑长度 L 的变化

（2）侧壁 1 卸载引起的隧道水平附加荷载分析

基坑侧壁 1 卸载引起的隧道水平附加荷载分布曲线及其随基坑长度的变化规律见图 5.2-3。

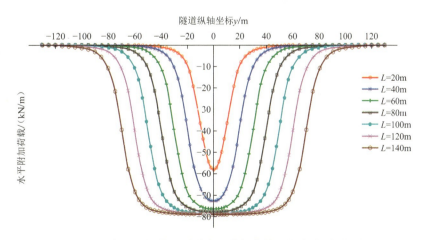

图 5.2-3　侧壁 1 卸载对隧道水平附加荷载的影响（L 变化时）

从图 5.2-3 可以看出，①侧壁 1 卸载对隧道水平附加荷载的影响规律与上述隧道总水平附加荷载变化规律基本相同；不同之处在于由于没有叠加侧壁 2 和 4 卸载的影响，当 L 超过 80m 后，隧道最大水平附加荷载没有减少的趋势。②对比图 5.2-1 和图 5.2-3，大部分工况下侧壁 1 卸载引起的隧道水平附加荷载占到总水平附加荷载比例均超过 90%，极少工况下在 84%～90%。因此在实际工程中，为简化计算可仅考虑侧壁 1 卸载的影响。

（3）侧壁 2 和 4 卸载引起的隧道水平附加荷载分析

基坑侧壁 2 和 4 卸载引起的隧道水平附加荷载分布曲线及其随基坑长度的变化规律见图 5.2-4。

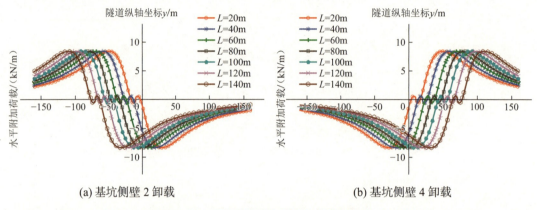

图 5.2-4　侧壁 2 和 4 卸载对隧道水平附加荷载的影响（L 变化时）

从图 5.2-4 看出，①基坑侧壁 2 和 4 分别对应的隧道 y 轴处 $y = -L/2$ 和 $y = L/2$ 的附加荷载为 0，并以其为反弯点在两侧产生不同方向的附加荷载。反弯点两侧的附加荷载随着距离的增加呈现先增大后减小的规律，原因可解释为：基于力偶原理，可将基坑侧壁 2 或 4 上的卸载荷载等效为作用在隧道位置处的荷载和力矩，因此，在这些位置处要注意隧道结构抗剪和抗扭的防护。②隧道的最大附加荷载基本不受基坑长度 L 变化的影响，最大值约为 10kN/m，占总水平附加荷载比例 10%～16%，基坑长度 L 越大，基坑侧壁 2 和 4 产生的附加荷载占比越小，在简化工况下可忽略不计。

（4）隧道竖向附加荷载分析

基坑侧壁 1、2、4 卸载引起的隧道竖向附加荷载分布曲线及其随基坑长度的变化规律见图 5.2-5。

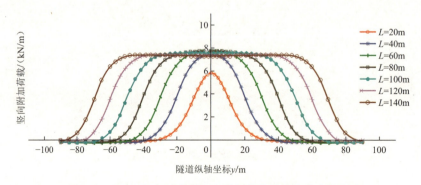

图 5.2-5　基坑长度对隧道竖向附加荷载沿纵向分布的影响

从图 5.2-5 看出，①由于基坑侧壁卸载，导致邻近隧道发生竖向沉降，侧壁卸载对隧道竖向附加荷载的影响规律与水平附加荷载变化规律基本相同。②当 L 达到 40m 后，竖向附加荷载达到最大，并随着基坑长度的增加而基本保持稳定，最大竖向附加荷载均不大于 8kN/m，仅为最大水平附加荷载的 8%～10%。③在基坑边缘（$y = \pm L/2$）以外 10m（即 $0.7h_0$）处，竖向附加荷载基本为零。因此，当基坑位于隧道一侧时，基坑土体开挖卸载主要在隧道处产生水平附加荷载，竖向附加荷载相对较小。

2. 基坑宽度 W 对侧向隧道附加荷载的影响分析

按照工程算例中的标准工况，其他参数保持不变，只改变基坑平面宽度 W，分别取为：20m、30m、40m、50m、60m、70m 和 90m。基坑侧壁卸载引起的隧道水平附加荷载分布曲线及其随基坑宽度的变化规律见图 5.2-6～图 5.2-8。其中图 5.2-6 为总附加荷载的变化曲线，图 5.2-7 为仅考虑侧壁 1 卸载的变化曲线，图 5.2-8 为仅考虑侧壁 2 和 4 卸载的变化曲线。

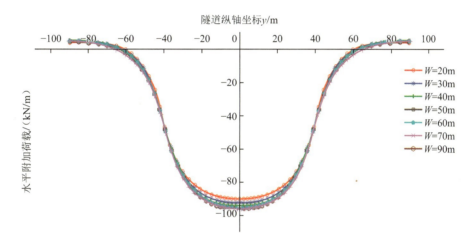

图 5.2-6 基坑宽度 W 对隧道水平附加荷载沿纵向分布的影响

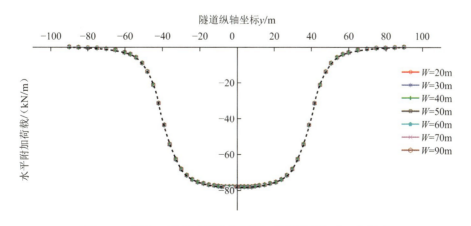

图 5.2-7 侧壁 1 卸载对隧道水平附加荷载的影响（W 变化时）

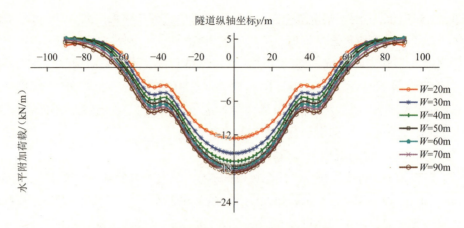

图 5.2-8 侧壁 2 和 4 卸载对隧道水平附加荷载的影响（W 变化时）

从图 5.2-6～图 5.2-8 看出，①基坑宽度 W 变化对隧道附加荷载影响很小，产生的细小差别主要是由侧壁 2 和 4 卸载导致的，而侧壁 1 卸载引起的附加水平荷载不受基坑宽度变化的影响。②本算例 $L=80$ m，隧道水平附加荷载在 $y=\pm(60\sim65)$ m 附近出现反弯点，也是由于基坑侧壁 2 和 4 卸载产生的附加荷载导致的，但产生的反方向附加荷载仅为主方向的 2%～3%。因此，邻近地铁隧道的基坑进行分区开挖时，基坑分区边界线应垂于隧道纵向轴线方向，主要减少临近隧道侧的基坑开挖长度。

基坑侧壁卸载引起的隧道竖向附加荷载分布曲线及其随基坑宽度的变化规律见图 5.2-9。其变化规律同上述分析的水平附加荷载的变化规律；最大竖向附加荷载均不大于 8kN/m，不足最大水平附加荷载（98kN/m）的 10%。

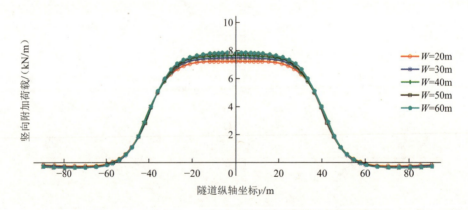

图 5.2-9 基坑宽度 W 对隧道竖向附加荷载沿纵向分布的影响

由于基坑侧壁卸载引起的隧道竖向附加荷载较小，同时侧壁 2 和 4 卸载引起的隧道附加荷载占总荷载的比例较小，因此，本节以下内容在进行基坑深度 h_0 和最小净距 S 参数敏感性分析时，不再分析隧道竖向附加荷载，也不再细分侧壁 1 卸载和侧壁 2、4 卸载引起的隧道附加荷载的差别。

3. 基坑深度 h_0 对侧向隧道附加荷载的影响分析

按照工程算例中的标准工况，其他参数保持不变，只改变基坑深度 h_0，分别取为：9m、

10.5m、12m、13.5m、15m、18m、21m 和 24m。基坑侧壁卸载引起的隧道水平附加荷载分布曲线及其随基坑深度h_0的变化规律见图 5.2-10 和图 5.2-11。

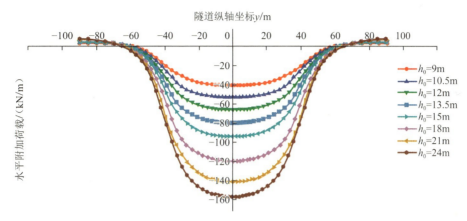

图 5.2-10　基坑深度h_0对隧道水平附加荷载沿纵向分布的影响

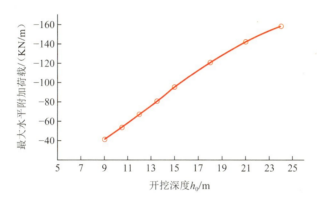

图 5.2-11　隧道最大水平附加荷载随基坑深度h_0的变化

从图 5.2-10 和图 5.2-11 可以看出，①隧道水平附加荷载随基坑深度h_0增大而增大，且影响非常显著，最大水平附加荷载随基坑深度h_0基本呈线性关系，基坑深度每增加 1m，则隧道水平附加荷载增大 8～9kN/m。②在基坑边缘外 $y = \pm(60～65)$m 处隧道水平附加荷载出现反弯点，且基本不受基坑深度h_0变化的影响，基于前面基坑长度L和宽度W的敏感性分析，反弯点是由于侧壁 2 和 4 卸载导致的，反向附加荷载仅为主方向的 2%～3%，可忽略不计。因此，基坑开挖深度h_0对隧道附加荷载的影响非常大，应尽量减少邻近隧道侧基坑的开挖深度。

下面分析基坑底以下侧壁卸载的影响深度Δz随基坑深度h_0的变化规律，以及坑底下卸载引起的隧道附加荷载占总附加荷载的比例，见图 5.2-12 和图 5.2-13。从图中看出，①坑底以下侧壁卸载的影响范围Δz随基坑深度h_0增大而增大，并呈线性关系，但总体来说Δz较小，仅约为 8.6%h_0。②由于Δz较小，导致坑底下卸载引起的隧道水平附加荷载也较小，其占隧道总水平附加荷载的 3%～5%，其随基坑深度h_0增大呈现先增大后减少的趋势。

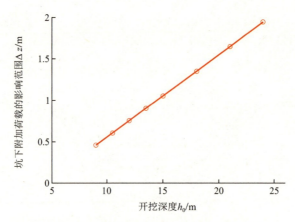

图 5.2-12　影响范围 Δz 随基坑深度 h_0 的变化

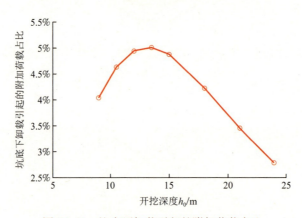

图 5.2-13　坑底下卸载引起的附加荷载占比

4. 最小净距 S 对侧向隧道附加荷载的影响分析

按照本章工程算例的标准工况，其他参数保持不变，只改变基坑与隧道的最小净距 S，分别取为：5m、7m、10m、15m、17.5m、22.5m、30m、40m 和 50m。基坑侧壁卸载引起的隧道水平附加荷载分布曲线及其随最小净距的变化规律见图 5.2-14 和图 5.2-15。

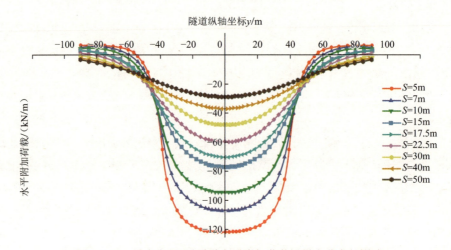

图 5.2-14　最小净距 S 对隧道水平附加荷载沿纵向分布的影响

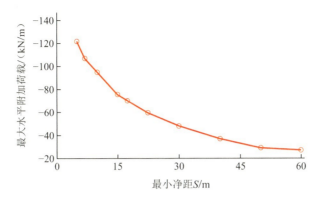

图 5.2-15　隧道最大水平附加荷载随最小净距S的变化

从图 5.2-14 和图 5.2-15 可以看出，①隧道水平附加荷载随最小净距S增大而减小，且影响比较显著，但减小的速率在变缓；当$S \leqslant h_0$时，S变化对水平附加荷载影响非常大，比如S由 15m（$1h_0$）减少到 5m（$h_0/3$），隧道最大水平附加荷载增加了约 28kN/m；当$S > h_0$时，S变化对水平附加荷载影响变小，比如S由 40m（$2.67h_0$）减少到 30m（$2h_0$），隧道最大水平附加荷载增加了约 10kN/m。②随着最小净距S的增大，隧道反弯点越来越不明显，反弯点是由于侧壁 2 和 4 卸载导致的，反向附加荷载仅为主方向的 2%~3%，可忽略不计。因此，最小净距S对隧道附加荷载的影响非常大，应尽量增大基坑与隧道的净距。

5.3　基坑卸载引起的侧向隧道变形计算

5.3.1　各参数对侧向隧道附加荷载的敏感性分析总结

根据上述算例的各参数影响规律分析结果，发现基坑侧壁卸载主要在隧道处产生水平向附加荷载，竖向附加荷载较小，其最大值仅为水平附加荷载的 8%~10%；隧道处的附加荷载主要是由侧壁 1 卸载产生，侧壁 2 和 4 产生的附加荷载约占总荷载比例最大不超过 15%，大部分工况下在 10%以内；侧壁 2 和 4 卸载会在隧道处产生反向附加荷载，但反向附加荷载很小，其最大值不足主方向荷载的 3%；基坑底以下Δz卸载产生的附加荷载占总荷载的 3%~5%。

比较各参数敏感性，发现以下规律：

（1）基坑深度h_0的变化对隧道的附加荷载影响最大，影响规律基本呈线性相关。特别是算例中当$h_0 = 24$m 时，其最大水平附加荷载达到 158kN/m，大大超过其他因素产生的最大水平荷载。因此限制开挖深度h_0，对于保护隧道结构的作用非常明显。

（2）最小净距S的影响次之。当$S \leqslant h_0$时，影响规律基本呈线性相关，之后随着S的增加，水平附加荷载减小的速率变缓；当$S > 2.5h_0$时，S对附加荷载的影响较小。

（3）当基坑长度L在某一范围以内时（本算例为 60m，即 $6S$），水平附加荷载随L的增加呈较快的增长态势，但增速在快速放缓；当L超过这个范围（$6S$）时，最大水平附加荷载基本不变，但影响范围会持续扩大。

（4）基坑宽度W变化对隧道附加荷载基本无影响，产生的细小变化主要是由于侧壁 2 和 4 卸载导致的。

因此，当场地条件和工程规模一定时，应尽量减少邻近隧道处的基坑开挖深度h_0，尽量增大基坑和隧道之间的水平净距S，并可对基坑沿垂直于隧道轴线方向进行分坑（即减少每次基坑开挖的长度L_i）。

5.3.2 计算方法

为了计算隧道在基坑侧壁卸载作用下产生的变形，首先采用多段线近似拟合由 Matlab 计算的曲线附加荷载，然后在有限元软件中（本书采用 SAP2000）建立相关的计算模型。隧道周围土体用仅受压土弹簧模拟，土弹簧参数根据"表 5.2-1 场地土层主要物理力学参数表"取值。采用第 5.2.1 节的工程算例，取隧道结构的纵向长度$U = 140\text{m}$，划分的单元长度为 2m，隧道所在土层的水平基床系数k_h取为 8MPa/m，将附加荷载施加到隧道结构上计算其水平和纵向变形。隧道有限元计算模型和所施加的水平和竖向附加荷载见图 5.3-1～图 5.3-3。

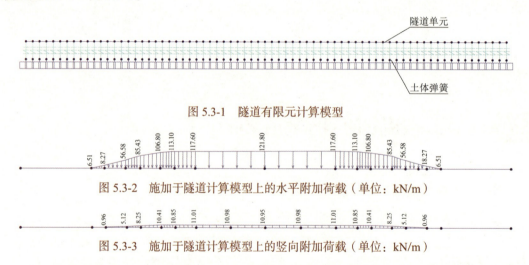

图 5.3-1 隧道有限元计算模型

图 5.3-2 施加于隧道计算模型上的水平附加荷载（单位：kN/m）

图 5.3-3 施加于隧道计算模型上的竖向附加荷载（单位：kN/m）

通过 SAP2000 计算得到的隧道水平向和竖向变形结果见图 5.3-4 和图 5.3-5，图中隧道的最大水平位移为 11mm，最大竖向位移为 0.9mm，竖向位移仅为水平位移 8%左右。因此，针对基坑侧壁卸载对隧道的影响，一般情况下可只计算隧道的水平向位移。

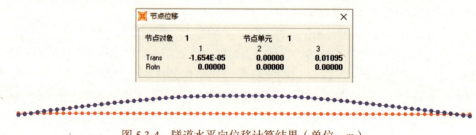

图 5.3-4 隧道水平向位移计算结果（单位：m）

基于 5.2 节的参数敏感性分析，仅对敏感性较强的最小净距S和基坑深度h_0进行分析；同时也分析隧道位于不同土层时，即土体基床系数k_h的变化对隧道变形的影响规律。

图 5.3-5　隧道竖向位移计算结果（单位：m）

5.3.3　基坑几何参数对侧向隧道变形的影响分析

1. 最小净距 S 对侧向隧道变形的影响分析

按照工程算例中的标准工况，只改变基坑与隧道的最小净距 S，分别取为：5m、10m、15m、22.5m 和 30m，分析最小净距 S 变化对隧道水平变形的影响规律，见图 5.3-6。

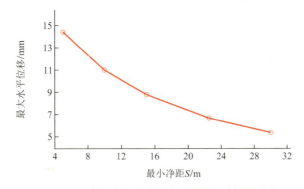

图 5.3-6　隧道最大水平位移随最小净距 S 的变化

从图 5.3-6 可看出，隧道水平位移随最小净距 S 增大而减小；当 $S \leqslant h_0$ 时，影响非常显著，基本呈线性关系，随后影响程度趋缓，其变化规律基本同隧道水平附加荷载的变化规律。

2. 基坑深度 h_0 对侧向隧道变形的影响分析

按照工程算例中的标准工况，只改变基坑开挖深度 h_0，分别取为：9m、12m、15m、21m 和 24m，分析基坑深度 h_0 变化对隧道水平变形的影响规律，见图 5.3-7。

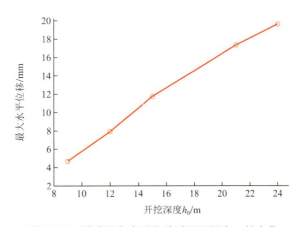

图 5.3-7　隧道最大水平位移随基坑深度 h_0 的变化

从图 5.3-7 可看出，隧道水平位移随基坑深度 h_0 增大基本呈线性增长关系，影响非常显著，其变化规律基本同隧道水平附加荷载的变化规律。

5.3.4 土体基床系数对侧向隧道变形的影响分析

按照工程算例中的标准工况，只改变隧道所在土层的水平基床系数 k_h，分别取为：5MPa/m、8MPa/m、12MPa/m、15MPa/m、17MPa/m、20MPa/m 和 25MPa/m，分析基床系数 k_h 变化对隧道水平变形的影响规律，见图 5.3-8。

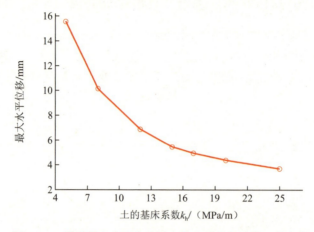

图 5.3-8　隧道最大水平位移随土体水平基床系数 k_h 的变化

从图 5.3-8 中可看出，①隧道水平位移随土体水平基床系数 k_h 的增加呈减少趋势，且其减小的速率逐渐趋缓，即土体性质越好，隧道变形越小。②参见表 5.2-1，当基床系数 k_h 由 5MPa/m（对应②$_{2b4}$ 流塑淤泥质粉质黏土层）增大到 17MPa（对应②$_{3d3}$ 稍密粉细砂层）时，隧道最大水平位移由 15.6mm 减少到 4.9mm，减少了 68%，且减少的绝对值很大；可见当隧道位于漫滩二元地层的上部淤泥质土层时，隧道的水平变形较位于下部粉砂层要大很多。③当隧道位于下部粉砂层，基床系数 k_h 由 17MPa/m（对应②$_{3d3}$ 稍密粉细砂层）增大到 25MPa（对应②$_{4d2}$ 中密粉细砂层）时，隧道最大水平位移由 4.9mm 减少到 3.4mm，减少了 30%，且减少的绝对量值较小。因此，当隧道位于漫滩二元结构地层的上部淤泥质土时，应尽量避免在其附近进行基坑开挖。

5.4　基坑卸载引起下方隧道的附加荷载计算

在既有地铁隧道上方开挖基坑时，基坑卸载引起坑底隆起进而导致下方隧道产生向上的变形。目前针对基坑开挖卸载引起下方既有隧道的附加荷载和变形的研究成果很多，而且卸载等效荷载的取值和传递机理也较明确，但目前的理论公式研究成果大都是针对隧道与基坑平行的工况。本节主要针对隧道纵向轴线与基坑边有一定交角的情况下，进行土体附加应力公式的推导，并按照第 5.1～5.3 节的技术路线，采用弹性地基梁理论模型计算隧道的变形，进行相关参数敏感性分析。

5.4.1 基坑坑底卸载的等效荷载计算

针对基坑坑底卸载引起下方隧道附加荷载的计算主要做如下假定：

①土体为均质的半无限空间弹性体，且不考虑基坑降水和开挖时空效应的影响；②基坑底面与隧道中心所在平面平行，当不平行时，可取隧道中心与基坑底面的距离的平均值进行近似简化；③不考虑坑底加固等因素的影响，坑底卸载等效荷载按矩形分布。

基坑坑底卸载对下方隧道影响的计算简图如图 5.4-1 和图 5.4-2 所示。计算简图的坐标系和各参数含义同第 5.1.1 节的相关规定，α 为隧道纵向轴线与基坑边的交角，坑底卸载等效荷载取值为 $\gamma_m h_0$。

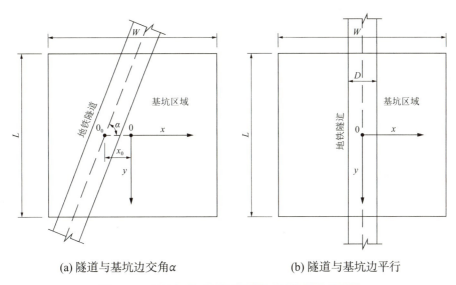

(a) 隧道与基坑边交角α (b) 隧道与基坑边平行

图 5.4-1　基坑卸载对下方隧道影响的计算平面简图

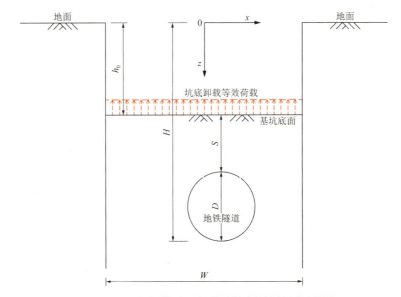

图 5.4-2　基坑卸载对下方隧道影响的计算剖面简图

5.4.2 基坑坑底卸载产生的附加应力计算

计算原理和过程同第 5.1 节，假定基坑坑底处的任意一点(r, s, h_0)的微小单元荷载为$\Delta p\, dr\, ds$，基于 Mindlin 解，可求得基坑下方任意某一点(x_1, y_1, z_1)处的水平附加应力σ_x和竖向附加应力σ_z，其计算公式如下：

$$\sigma_x = -\frac{\gamma_m h_0}{8\pi(1-\mu)} \int_{-W/2}^{W/2} \int_{-L/2}^{L/2} \left\{ -\frac{(1-2\mu)(z_1 - h_0)}{B_1^3} - \right.$$
$$\frac{\{3(3-4\mu)(x_1 - r)^2(z_1 - h_0) - 6H(z_1 + h_0)[(1-2\mu)z_1 - 2\mu h_0]\}}{B_2^5} +$$
$$\frac{4(1-\mu)(1-2\mu)}{B_2(B_2 + z_1 + h_0)} \left[1 - \frac{(x_1 - r)^2}{B_2(B_2 + z_1 + h_0)} - \frac{(x_1 - r)^2}{B_2^2}\right] +$$
$$\left.\left[\frac{30(x_1 - r)^2 z_1 h_0 (z_1 + h_0)}{B_2^7}\right]\right\} dr\, ds \tag{5.4-1}$$

$$\sigma_z = -\frac{\gamma_m h_0}{8\pi(1-\mu)} \int_{-W/2}^{W/2} \int_{-L/2}^{L/2} \left[\frac{(1-2\mu)(z_1 - h_0)}{B_1^3} - \frac{(1-2\mu)(z_1 - h_0)}{B_2^3} + \right.$$
$$\frac{3(z_1 - h_0)^3}{B_1^5} + \frac{3(3-4\mu)z_1(z_1 + h_0)^2 - 3h_0(z_1 + h_0)(5z_1 - h_0)}{B_2^5} +$$
$$\left.\frac{30z_1 h_0(z_1 + h_0)}{B_2^7}\right] dr\, ds \tag{5.4-2}$$

式中：$B_1 = \sqrt{(x_1 - r)^2 + (y_1 - s)^2 + (z_1 - h_0)^2}$；
$B_2 = \sqrt{(x_1 - r)^2 + (y_1 - s)^2 + (z_1 + h_0)^2}$

当隧道纵向轴线与基坑边平行时，隧道纵向轴线上的$x_1 = 0$，$z_1 = h_0 + S$。

当隧道纵向轴线与基坑边的交角为α时，基坑下方区域的隧道轴向中心点在地表的投影点为0_0，其相对于坐标原点 0 的坐标为$(x_0, 0, 0)$，则$x_1 = x_0 - y_1 \cdot \operatorname{ctg}\alpha$，$z_1 = h_0 + S$。

基于 Matlab 编程的土体附加应力计算过程同 5.1 节。

5.5 基坑卸载引起下方隧道附加荷载的参数敏感性分析

5.5.1 工程算例

某基坑位于已运营的地铁隧道正上方，场地土层分布及其物理力学参数见5.1节的表5.2-1。假设标准工况为：基坑平面长度$L = 40$m，宽度$W = 20$m，深度$h_0 = 10$m，围护结构深度为30m（与隧道相交的围护结构深度缩短，不得侵入隧道），隧道外径D为6.2m，隧道距基坑底的最小净距$S = 6$m，隧道底部埋深$H = 22.2$m，隧道纵向轴向平行于基坑底面，并位于基坑中心正下方。

根据表5.2-1，求得基坑开挖范围内土体的加权平均重度$\gamma_m = 18.3\text{kN/m}^3$、基坑底至隧道中线深度范围内的土体加权平均泊松比$\mu_m = 0.38$。

下文主要针对基坑的平面长度L、宽度W、开挖深度h_0、最小净距S等参数变化对隧道竖向附加荷载的影响进行分析，并探究其影响规律。

5.5.2 基坑几何参数对下方隧道附加荷载的影响分析

1. 基坑长度L对下方隧道附加荷载的影响分析

按照工程算例中的标准工况，其他参数保持不变，只改变基坑平面长度L，分别取为：10m、20m、30m、40m、50m、60m、70m和80m，分析基坑长度变化对地铁隧道竖向附加荷载的影响规律。隧道竖向附加荷载为作用在隧道中心投影竖面上单位长度的竖向荷载，即为隧道中心点的附加应力与隧道外径（6.2m）的乘积。

坑底卸载引起的隧道竖向附加荷载分布曲线及其随基坑长度的变化规律见图 5.5-1 和图 5.5-2。

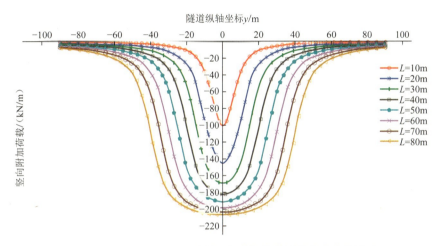

图 5.5-1　基坑长度L对隧道竖向附加荷载沿纵向分布的影响

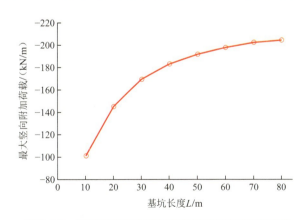

图 5.5-2　隧道最大竖向附加荷载随基坑长度L的变化

从图 5.5-1 和图 5.5-2 可以看出，①基坑卸载导致隧道受到竖直向上的附加荷载，基坑中心对应位置处（$y = 0$）的隧道竖向附加荷载最大，然后沿着隧道轴线向两侧逐渐变小。

②基坑边缘对应位置处（$y = \pm L/2$）的隧道竖向附加荷载仅为中心位置处的 55%～80%；基坑边长越小，基坑边缘处对应的附加荷载与中心处的附加荷载比值越大；过了基坑边缘（$|y| > L/2$），竖向附加荷载急剧减少，基坑边缘以外约 10m 处（$1.0h_0$）附加荷载均快速降至最大值的 20%左右，随后减少速率变缓，可认为坑底卸载对隧道附加荷载的主要影响范围为基坑边以外 $1.0h_0$ 的范围。③随着基坑长度 L 的增大，竖向附加荷载随之增大，但增幅越来越小；当 L 由 10m 增大至 20m 时，最大竖向附加荷载增大约 45%，基坑长度每增加 1m，竖向附加荷载增大约 4.5kN/m；当 L 由 40m 增大至 80m 时，最大竖向附加荷载仅增大约 12%；当 L 达到 40m 后（隧道中心点两侧 $2.0h_0$），隧道最大竖向附加荷载增幅非常小，说明隧道的附加荷载不会随着基坑边长的增大而无限增加。

2. 基坑宽度 W 对下方隧道附加荷载的影响分析

按照工程算例中的标准工况，其他参数保持不变，只改变基坑平面宽度 W，分别取为：10m、20m、30m、40m、50m 和 60m。基坑坑底卸载引起的隧道竖向附加荷载分布曲线及其随基坑宽度的变化规律见图 5.5-3 和图 5.5-4。

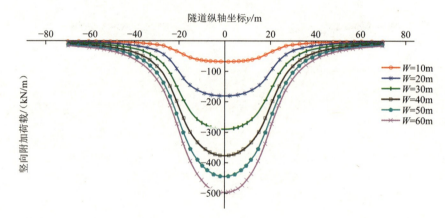

图 5.5-3 基坑宽度 W 对隧道竖向附加荷载沿纵向分布的影响

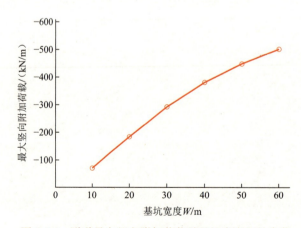

图 5.5-4 隧道最大竖向附加荷载随基坑宽度 W 的变化

从图 5.5-3 和图 5.5-4 可以看出，①基坑宽度 W 变化对隧道附加荷载影响很显著，当 $W \leqslant 40$m（即 $W/2 \leqslant 2h_0$）时，隧道最大竖向附加荷载随基坑宽度 W 基本呈线性变化，基坑宽度每增加 1m，竖向附加荷载增大约 10.5kN/m；当 $W > 40$m（即 $W/2 > 2h_0$）时，隧道最大竖向附加荷载随基坑宽度的增大，其增长速率在变缓。②对比图 5.5-1、图 5.5-2 和图 5.5-3、图 5.5-4，发现基坑宽度 W 对隧道附加荷载的影响较基坑长度 L 要大。

因此，为减少上方基坑开挖对下方隧道的影响，建议沿隧道纵向轴线方向进行分坑，减少每个基坑的开挖宽度，具体分析见下文"5.6.4 分坑开挖对下方隧道变形的影响分析"。

3. 基坑深度 h_0 对下方隧道附加荷载的影响分析

按照工程算例中的标准工况，其他参数保持不变，只改变基坑开挖宽度 h_0，分别取为：4m、6m、8m、10m、12m 和 14m。坑底卸载引起的隧道竖向附加荷载分布曲线及其随基坑深度的变化规律见图 5.5-5 和图 5.5-6。

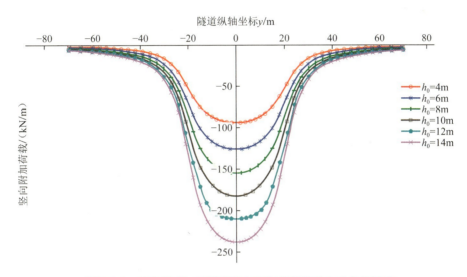

图 5.5-5　基坑深度 h_0 对隧道竖向附加荷载沿纵向分布的影响

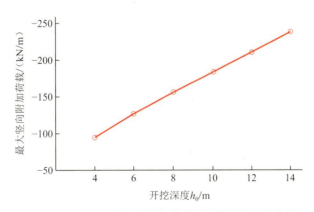

图 5.5-6　隧道最大竖向附加荷载随基坑深度 h_0 的变化

从图 5.5-5 和图 5.5-6 可以看出，隧道竖向附加荷载随基坑深度 h_0 增大而增大，最大竖向附加荷载随基坑深度 h_0 基本呈线性关系。基坑深度每增加 1m，隧道竖向附加荷载增大约 15kN/m。因此，基坑深度 h_0 对下方隧道竖向附加荷载的影响非常大，且远大于基坑长度 L 和宽度 W 的影响。

4. 最小净距S对下方隧道附加荷载的影响分析

按照工程算例中的标准工况,其他参数保持不变,只改变基坑与隧道的最小净距S,分别取为:4m、6m、8m、10m、12m和14m。坑底卸载引起的隧道竖向附加荷载分布曲线及其随最小净距的变化规律见图5.5-7和图5.5-8。

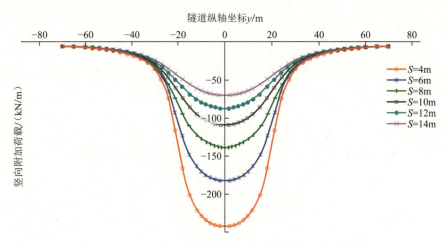

图 5.5-7　最小净距S对隧道竖向附加荷载沿纵向分布的影响

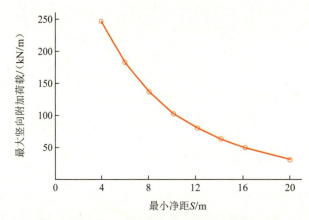

图 5.5-8　隧道最大竖向附加荷载随最小净距S的变化

从图 5.5-7 和图 5.5-8 可以看出,隧道竖向附加荷载随最小净距S增大而减小,且影响显著,但减小的速率在变缓;当$S \leqslant h_0$时,S变化对竖向附加荷载影响非常大,比如S由10m($1h_0$)减少到4m($0.4h_0$),最大竖向附加荷载增长率约为22.5kN/m²;当$S > h_0$时,S变化对竖向附加荷载影响变缓,比如S由14m($1.4h_0$)减少到10m($1h_0$),隧道最大竖向附加荷载增长率约为10kN/m²。因此,最小净距对隧道竖向附加荷载的影响非常大。

5.5.3　各参数对下方隧道附加荷载的敏感性分析总结

根据上述算例的各参数影响规律分析结果,发现基坑坑底卸载主要在隧道处产生竖直向上的附加荷载,其水平影响范围主要为基坑边以外$1.0h_0$的范围。比较各参数敏感性,发现以下规律:

(1) 当最小净距 $S \leqslant h_0$（本算例为 10m）时，所有参数中，最小净距 S 的变化对隧道竖向附加荷载的影响是最大的，S 的影响速率 22.5kN/m² > h_0 的影响速率 15kN/m² > W 的影响速率 10.5kN/m²（$W/2 \leqslant 2h_0$ 时）> L 的影响速率 4.5kN/m²（$L \leqslant 2h_0$ 时）。当 $S > h_0$ 时，隧道竖向附加荷载随 S 的增大，其增长速率在变缓。

(2) 基坑深度 h_0 的变化对下方隧道的竖向附加荷载影响仅次于最小净距 S，且影响规律基本呈线性变化。

(3) 虽然基坑宽度 W 的参数敏感程度不如 S 和 h_0，但其影响的绝对值变化非常大。S 和 h_0 的数值在实际工程中能调节的范围非常小，其调整的范围只能在几米之内，但基坑宽度 W 在实际工程中可调整的范围非常大。比如对原宽度较大的基坑可用围护结构进行分割，分成几个宽度较小的基坑再进行开挖。根据上述算例的分析，当基坑宽度 W 由 20m 增大到 60m 时，隧道的最大竖向附加荷载由 191kN/m 增大到约 500kN/m，绝对值增加了 309kN/m。反过来，如果把隧道正上方宽度为 60m 的基坑采用围护结构均分为 3 个宽度为 20m 的小基坑，隧道所受的竖向附加荷载也会大幅减少。

(4) 根据上述算例，当基坑长度 L 达到 40m 后（隧道中心点两侧 $2.0h_0$），隧道最大竖向附加荷载增幅很小。

因此，当场地条件和工程规模一定时，应尽量增大基坑和隧道之间的竖向净距 S，并可对基坑沿平行于隧道轴线方向进行分坑（即减少每次基坑开挖的宽度 W_i），同时尽量减少隧道上方基坑的开挖深度 h_0。

5.6 基坑卸载引起的下方隧道变形计算分析

5.6.1 计算方法

计算思路和方法同 5.1～5.3 节，均是基于弹性地基梁的理论，将 Matlab 编程计算得到的附加荷载施加于有限元计算模型上，计算隧道的变形。

采用 5.2.1 的工程算例，取隧道纵向长度 $U = 140$m，划分的单元长度为 2m，隧道所在土层的竖向基床系数 k_v 取为 8MPa/m，通过计算得到的隧道竖向变形结果见图 5.6-1。如图所示，隧道的最大竖向位移为 12.1mm。

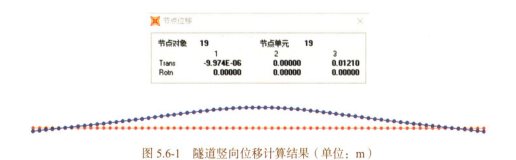

图 5.6-1　隧道竖向位移计算结果（单位：m）

基于 5.2 节的参数敏感性分析，仅对敏感性较强的最小净距 S 和基坑深度 h_0 进行分析；

同时也分析隧道位于不同土层时,即土体竖向基床系数k_v的变化以及分坑开挖对隧道变形的影响规律。

5.6.2 基坑几何参数对下方隧道变形的影响分析

1. 最小净距S对下方隧道变形的影响分析

按照工程算例中的标准工况,只改变基坑与隧道的最小净距S,分别取为:4m、6m、8m、10m、12m、14m、16m和20m,分析最小净距S变化对下方隧道竖向变形的影响规律,见图 5.6-2。

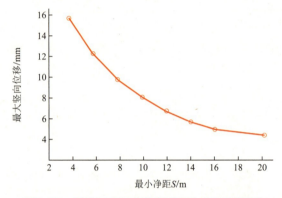

图 5.6-2 隧道最大竖向位移随最小净距S的变化

从图 5.6-2 可以看出,隧道竖向位移随最小净距S增大而减小;当$S \leqslant h_0$时,影响非常显著,近似呈线性关系;当$S > h_0$时,隧道竖向位移随S的增大,其增长速率在变缓,其变化规律基本同隧道竖向附加荷载的变化规律。最小净距S以 10m(即$1.0h_0$)为基准分别减少和增加 6m,当S减少 6m(即$S = 4m$)时,隧道最大竖向位移增大约 8mm,增加约 104%;当最小净距S增大 6m(即$S = 16m$)时,隧道最大竖向位移减少了约 3.2mm,减少了约 42%。

2. 基坑深度h_0对下方隧道变形的影响分析

按照工程算例中的标准工况,只改变基坑开挖深度h_0,分别取为:4m、6m、10m、12m和 14m,分析基坑深度h_0变化对下方隧道竖向变形的影响规律,见图 5.6-3,从图中可以看出,隧道竖向位移随基坑深度h_0增大基本呈线性增加关系,影响非常显著,其变化规律基本同隧道竖向附加荷载的变化规律。

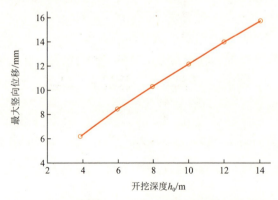

图 5.6-3 隧道最大竖向位移随基坑深度h_0的变化

5.6.3 土体基床系数对下方隧道变形的影响分析

按照工程算例中的标准工况,只改变隧道所在土层的竖向基床系数k_v,分别取为:4MPa/m、6MPa/m、8MPa/m、10MPa/m、14MPa/m、20MPa/m 和 26MPa/m,分析土体基床系数k_v变化对隧道竖向变形的影响规律,见图 5.6-4。

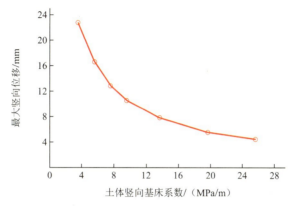

图 5.6-4 隧道最大竖向位移随土体竖向基床系数k_v的变化

从图 5.6-4 中可以看出,①隧道竖向位移随土体基床系数k_v的增加呈非线性减少趋势,其减小的趋势逐渐趋缓,即土体性质越好,隧道变形越小。②参见表 5.2-1,当基床系数k_v由 4MPa/m(对应②$_{2b4}$流塑淤泥质粉质黏土层)增大到 14MPa(对应②$_{3d3}$稍密粉细砂层)时,隧道最大竖向位移由 22mm 减少到 8mm,减少了 64%,且减少的绝对值很大。可见当隧道位于漫滩二元地层的上部淤泥质土层时,隧道的变形较位于下部粉细砂层要大很多。③当隧道位于下部粉细砂层,基床系数k_v由 14MPa/m(对应②$_{3d3}$稍密粉细砂层)增大到 20MPa(对应②$_{4d2}$中密粉细砂层)和 26MPa(对应②$_{5d1}$密实粉细砂层)时,隧道最大竖向位移由 8mm 减少到 5.9mm 和 4.5mm,虽然分别减少了 26%和 44%。因此,当隧道位于漫滩二元地层的上部淤泥质土时,应尽量避免在其上方进行基坑开挖。

5.6.4 分坑开挖对下方隧道变形的影响分析

基于前面的参数敏感性分析,发现基坑宽度W对隧道竖向附加荷载的影响非常大。因此当基坑宽度较大时,为了减少坑底卸载对下方隧道的影响,可以考虑将基坑沿隧道纵向用围护结构进行分割,并进行分坑开挖,如图 5.6-5 所示。

按照工程算例中的标准工况,其他参数保持不变,假定基坑宽度W为 40m,分两种工况进行开挖。工况一为基坑整体一次开挖到底;工况二为分坑开挖,即在距隧道两侧 5m 处设置两道围护结构,将原基坑分为宽度分别为 11.9m、16.2m 和 11.9m 的 3 个小基坑分别进行开挖,并先开挖两侧小基坑(基坑 1 和 2),再开挖中间小基坑(基坑 3)。采用工况二时,基坑 1 和 2 开挖对隧道的影响是由于侧壁卸载引起的,隧道的变形计算采用第 5.1 节的计算方法,最后与基坑 3 开挖引起的隧道变形结果进行叠加。

基坑不同开挖方案对隧道竖向附加荷载和竖向变形的影响见图 5.6-6。从图中可以看出,采用分坑方案较未分坑工况,最大竖向附加荷载由 163kN/m 增大到 362kN/m,前者仅为后者的 45%，可见将隧道沿平行于隧道轴线方向分成三个小基坑后，隧道的竖向附加荷载会大幅降低；另外，通过有限元模型计算，分坑和未分坑两种工况，隧道的最大竖向位移分别为 14mm 和 32.6mm，前者仅为后者的 43%。因此，对于宽度较大的基坑，为尽量减少坑底卸载对下方隧道的影响，建议尽量采用分坑方案进行开挖。

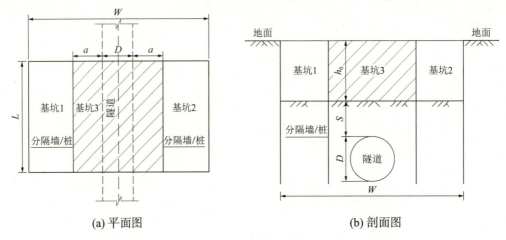

图 5.6-5　隧道上方基坑分坑开挖示意图

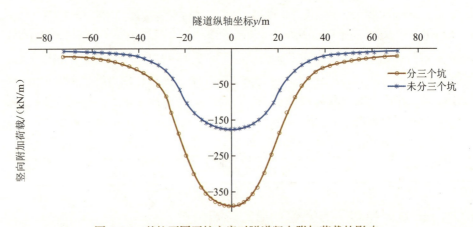

图 5.6-6　基坑不同开挖方案对隧道竖向附加荷载的影响

5.7　本章小结

本章基于 Mindlin 解，提出了基坑侧壁卸载和坑底卸载引起的邻近隧道附加荷载计算公式，并利用五点 Gauss-Legendre 数值积分的方法进行 Matlab 编程计算。然后基于弹性地基梁计算模型，给出了隧道变形计算方法。主要得到以下结论：

1) 提出的基坑侧壁卸载引起的附加荷载计算公式，改进了传统计算公式中未考虑围护桩（墙）对坑内外应力场阻隔的作用，并考虑了土体黏聚力和坑底下侧壁卸载的作用，进一步明确了侧壁卸载引起的等效荷载计算公式。

2）研究了基坑侧壁卸载对邻近隧道的影响规律，隧道的附加荷载主要以水平向荷载为主，竖向附加荷载仅为水平向的 8%～10%；附加荷载主要由紧邻隧道的侧壁 1 卸载产生，垂直隧道纵向的侧壁 2 和 4 卸载产生的附加荷载一般不超过总荷载的 10%。侧壁 2 和 4 卸载会在隧道 $y = ±L/2$ 点以外产生较小的反向荷载，其最大值约为主方向荷载的 3%；基坑底以下侧壁卸载产生的附加荷载约占总荷载的 3%～5%。研究了基坑坑底卸载对下方隧道的影响规律，坑底卸载主要在隧道处产生竖直向上的附加荷载，其水平影响范围主要为基坑边以外 $1.0h_0$ 的范围。

3）系统地分析了基坑开挖卸载的各几何和物理力学参数的敏感性。

（1）当隧道在基坑侧向时，基坑几何参数影响大小排序为：基坑深度 h_0 > 最小净距 S > 基坑长度 L > 基坑宽度 W；另外，土体水平基床系数 k_h 对隧道变形的影响也非常显著，本案例中位于下层粉细砂层（k_h = 17MPa/m）中的隧道变形较位于上层淤泥质土（k_h = 5MPa/m）中的隧道变形减少了 68%。因此，当隧道位于漫滩二元结构地层的上部淤泥质土时，应尽量避免在其附近进行长大深基坑开挖。

（2）当隧道位于基坑下方时，基坑几何参数影响大小排序为：最小净距 S > 基坑深度 h_0 > 基坑宽度 W > 基坑长度 L；另外，土体竖向基床系数 k_v 对隧道变形的影响也非常显著，本案例中位于下层粉细砂层（k_v = 14MPa/m）中的隧道变形较位于上层淤泥质土（k_v = 4MPa/m）中的隧道变形减少了 64%。因此，当隧道位于漫滩二元结构地层的上部淤泥质土时，应尽量避免在其上方进行深基坑开挖。

（3）当在隧道附近必须进行深基坑开挖时，可采取分坑分区施工的模式。当隧道在基坑侧向时，可对基坑沿垂直于隧道轴线方向进行分坑，即减少每次基坑开挖的长度；当隧道在基坑下方时，可对基坑沿平行于隧道轴线方向进行分坑，即减少每次基坑开挖的宽度。

第 6 章

漫滩地层中基坑群井降水引起的隧道变形计算

当邻近地铁隧道的基坑工程采用悬挂式止水帷幕，且需大幅降承压水时，基坑群井降水对隧道的影响往往大于开挖卸载的影响。预测基坑降水引起的地层沉降和邻近隧道的变形，主要预测方法有理论解析解和数值模拟分析两种方法。目前国内有关基坑降承压水对邻近隧道影响的系统性理论研究较少，缺乏群井降水的研究成果；数值模拟分析方法中缺少能较好反映土体卸载工况的本构模型，且建模复杂、工程实践应用难度较大；现有研究基本以某具体工程为研究对象，较少考虑基坑平面长度和宽度、开挖深度、围护结构插入比、隧道与基坑净距等因素的影响，缺少规律性的总结和研究。

因此，为了充分考虑群井效应、围护结构对地下水的绕流作用、隧道与土层变形的非协调等因素，有必要提出一种能可靠、便捷计算基坑群井降水引起隧道变形的计算方法，并系统研究漫滩二元地层中基坑降承压水对隧道的影响机制。

本文提出的计算方法为，首先基于专业降水分析软件 Modflow 计算基坑群井降水作用下坑外潜水层和承压水层的水位降深，并根据有效应力原理计算隧道处的土体有效应力增量和附加荷载，然后基于弹性地基梁理论建立隧道受力的有限元计算模型，计算得到隧道变形。

6.1 基坑群井降水引起土体附加有效应力的计算

6.1.1 计算方法

为计算隧道处土体的附加应力，即有效应力增量，应首先计算地层中的地下水位变化量。基坑群井降承压水如图 6.1-1 所示。

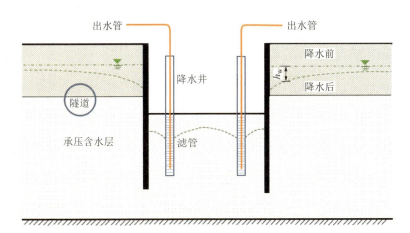

图 6.1-1 基坑降承压水示意图

为准确模拟基坑内群井大面积降承压水引起的地下水位降深和地面沉降，本次研究采用专业降水分析软件 Modflow。该软件是一款基于三维有限差分方法的地下水流和溶质运移模拟软件，可自然定义抽水井，根据所赋予的抽水率，模拟带围护结构的基坑内大面积降水工况，得到周边土层内的水位变化结果。此软件可综合考虑各土层物理力学特性、潜水和承压水特性、止水帷幕方案、渗流力、降水时间、群井布置方案等因素。

针对南京漫滩二元结构地层,上部淤泥质土层为潜水层,其渗透系数量级一般为$10^{-7}\sim10^{-5}$cm/s,属于弱透水层;下部粉土粉砂层一般为承压水层,其渗透系数量级一般为$10^{-4}\sim10^{-2}$cm/s,属于强透水层。基坑内降承压水,首先引起坑外粉土粉砂层承压水位的降低;同时,由于土层内竖向水力连通,随着降水时间的增长,上覆淤泥质土层和填土层中的潜水水位也会随之下降。基坑内土体承压水位达到设计降深后,假定坑外土层内任一点承压水位和潜水位降深分别用h_{w1}、h_{w2}表示。

当隧道完全位于承压含水层中时,隧道范围内土体有效应力增量为:

$$\Delta\sigma_1' = \Delta u_1 = h_{w1} \cdot \gamma_w \tag{6.1-1}$$

当隧道完全位于上覆弱透水土层中时,隧道范围内土体有效应力增量为:

$$\Delta\sigma_2' = \Delta u_2 = h_{w2} \cdot \gamma_w \tag{6.1-2}$$

当隧道上下部分别位于不同含水层时,隧道范围内土体有效应力增量可通过加权平均进行近似简化计算:

$$\Delta\sigma' = (h_下 \cdot \Delta u_1 + h_上 \cdot \Delta u_2)/D \tag{6.1-3}$$

式中:$h_上$、$h_下$——分别为隧道在上部弱透水层和下部承压水层的高度,两者之和为隧道的外径D。

根据本书第5.2.1节的工程算例,基坑场地为典型的漫滩二元结构地层,上部①$_1$杂填土层、②$_{2b4}$淤泥质粉质黏土层为潜水层,潜水位埋深在地面下约0.8m;下部②$_{3b3-4+d3}$粉质黏土与粉砂互层、②$_{3d3}$粉细砂、②$_{4d2}$粉细砂、②$_{5d1}$粉细砂、②$_{6d1}$层中粗砂和③$_{4e}$层含卵砾石中粗砂为承压含水层,承压水位埋深在地面以下约4.0m。基坑开挖深度h_0为15m,坑底进入承压含水层2m,为保证基坑顺利开挖,需降承压水的水位至坑底以下1m,最大水位降深约12m。本算例示意详见图6.1-2。

隧道直径D为6.2m,上部4.2m位于上覆弱透水层,下部2.0m位于承压含水层,隧道范围内的土体有效应力增量加权平均值可通过式(6.1-3)计算为:

$$\Delta\sigma' = (4.2\Delta u_1 + 2\Delta u_2)/6.2 = (0.68h_{w1} + 0.32h_{w2})\gamma_w \tag{6.1-4}$$

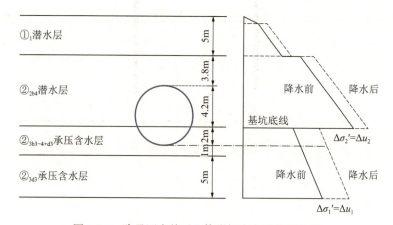

图6.1-2 降承压水前后土体附加应力变化示意图

6.1.2 三维计算模型及土体附加应力计算

采用 Modflow 软件建立三维仿真模型。模型长 500m（沿基坑长边和隧道纵向，x 轴），宽 400m（沿基坑短边方向，y 轴），深 65m（沿基坑深度方向，z 轴）。土层划分和物理力学参数参见表 5.2-1，赋予各层土相应的渗透系数和初始水位，边界处为自由补给地下水。围护结构深 30m，插入比为 1.0，为不透水层。基坑内设置 10 口降压井，计算模型如图 6.1-3 和图 6.1-4 所示。

图 6.1-3　三维降水分析模型

图 6.1-4　坑内降压井布置示意图

假定基坑内承压水位一次降到坑底以下 1m（承压水位埋深 16m），即坑内承压水位降深为 12m 时（相对于初始水位埋深 4m），基于 Modflow 软件计算得到的坑外各层土体的水位降深如图 6.1-5～图 6.1-8 所示。

从图 6.1-5～图 6.1-8 中可以看出，①基坑内承压含水层水位降深 12m 时，承压含水层由于层厚大、渗透性强，坑外承压水位出现了大面积下降，②$_{3b3-4+d3}$ 承压含水层的水位最大降深为 6.3m。②随着距基坑边的距离增大，承压水层的水位降深逐渐减小；在距基坑边 60m 范围内承压水位快速回升，而后以相对较缓的速率线性回升，以坑外承压水位降深超过 1m 为界，本案坑内降承压水的影响半径约为 170m。上述影响半径数值与李方明（2018）针对南京长江漫滩地区悬挂式止水帷幕基坑的计算结果基本一致。

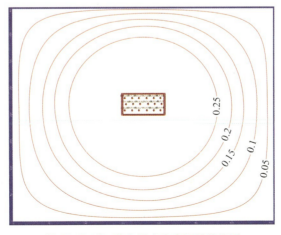
图 6.1-5　①$_1$ 潜水层水位降深等值线图

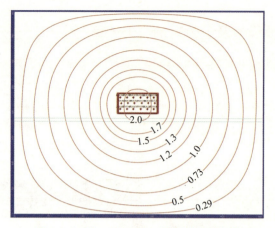

图 6.1-6　②$_{2b4}$ 潜水层水位降深等值线图

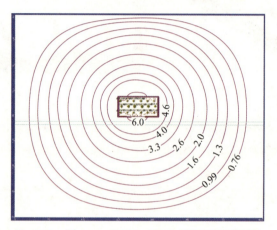

图 6.1-7　②$_{3b3-4+d3}$ 承压含水层水位降深等值线图

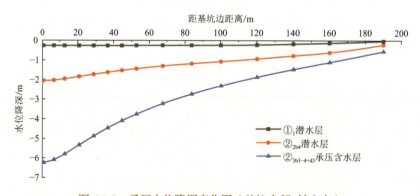

图 6.1-8　承压水位降深变化图（基坑中部 y 轴方向）

从图 6.1-5～图 6.1-8 中还可以看出，①$_1$ 填土层潜水位基本无变化，这是由于下方的②$_{2b4}$ 淤泥质土层的竖向渗透系数很小，基本隔断了①$_1$ 填土层与下方承压含水层的水力联系；②$_{2b4}$ 淤泥质粉质黏土层随着基坑内群井长时间的降水，水位出现了一定下降，最大降深出现在基坑边，约 2.1m，随着与基坑边距离的增大，潜水位缓慢回升，这是由于水平渗透系数较竖向渗透系数大（本算例中前者是后者的 2.5 倍），水平方向地下水渗透较快，造成平面范围内潜水位较大面积下降。

根据潜水和承压水的水位降深，由式(6.1-4)计算得到隧道范围内土体的有效应力增量，如图 6.1-9 所示。隧道处的土体有效应力增量最大值为 32.0kPa，沿隧道纵向轴线方向呈抛物线分布。

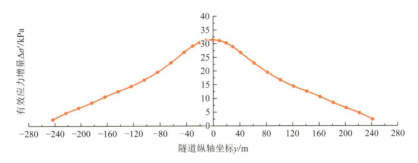

图 6.1-9　隧道处土体有效应力增量沿纵向分布图

6.2　基坑群井降水引起的隧道附加荷载的参数敏感性分析

6.2.1　基坑几何参数对隧道附加荷载的影响分析

1. 基坑长度L对隧道附加荷载的影响分析

选取基坑长度 L 分别为：20m、40m、60m、80m、100m、120m 和 140m，其余参数不变，研究不同工况下基坑内降承压水对隧道竖向附加荷载的影响，如图 6.2-1 和图 6.2-2 所示。隧道竖向附加荷载为作用在隧道中心投影面上单位长度的荷载，即为隧道处的土体竖向有效应力增量与隧道外径（6.2m）的乘积。

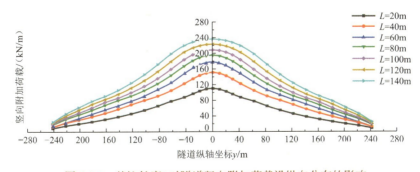

图 6.2-1　基坑长度 L 对隧道竖向附加荷载沿纵向分布的影响

从图 6.2-1 和图 6.2-2 可以看出，①隧道所受的竖向附加荷载，沿纵向呈类似抛物线分布，基坑中部的竖向附加荷载最大，然后沿隧道纵向逐渐减小。②基坑长度 L 越大，降承压水的影响范围越大，隧道受到的竖向附加荷载越大，但增速在减小；当 $20 \leqslant L \leqslant 60$m 时，基坑长度 L 每增加 1m，最大竖向附加荷载增大约 1.75kN/m，增速较快；当 $L > 60$m 时，基坑长度L每增加1m,最大竖向附加荷载增大约0.74kN/m,增速较慢。

在实际工程中,当基坑邻近隧道侧的边长较大时,为尽量减少基坑大面积降水对邻近隧道的影响,可结合5.1节提出的垂直于基坑长度方向设置围护结构兼作止水帷幕,进行分坑降水,减少降水引起的隧道竖向附加荷载。

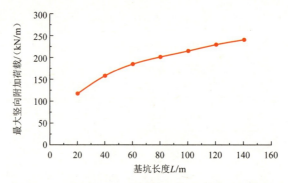

图6.2-2 隧道最大竖向附加荷载随基坑长度L的变化

2. 基坑宽度W对隧道附加荷载的影响分析

选取基坑宽度W分别为:20m、30m、40m、50m和60m,其余参数不变,研究不同工况下基坑内降承压水对隧道竖向附加荷载的影响,如图6.2-3和图6.2-4所示。

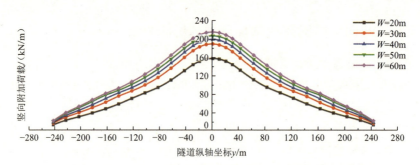

图6.2-3 基坑宽度W对隧道竖向附加荷载沿纵向分布的影响

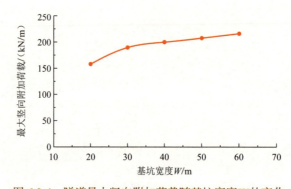

图6.2-4 隧道最大竖向附加荷载随基坑宽度W的变化

从图6.2-3和图6.2-4可以看出,基坑宽度W越大,隧道竖向附加荷载越大,降承压水影响范围越大;当$20 \leqslant W \leqslant 30$m时,基坑宽度W每增加1m,最大竖向附加荷载增大约

3.15kN/m，增速较快；当 $W > 30m$ 时，基坑宽度 W 每增加 1m，最大竖向附加荷载增大约 0.88kN/m，增速较慢。

3. 基坑深度 h_0 对隧道附加荷载的影响分析

选取基坑深度 h_0 与隧道底埋深 H 的比值分别为：0.6、0.7、0.8、0.9、1.0、1.2、1.4、1.6，即当 $H = 15m$ 时，h_0 分别为：9.0m、10.5m、12m、13.5m、15m、18m、21m、24m，围护结构插入比均为 1.0，其余参数不变。根据基坑抗承压水稳定性要求，需降承压水位分别为：2.6m、5m、7.4m、10.5m、12m、15m、18m、21m，研究不同工况下降承压水对隧道附加荷载的影响，如图 6.2-5 和图 6.2-6 所示。

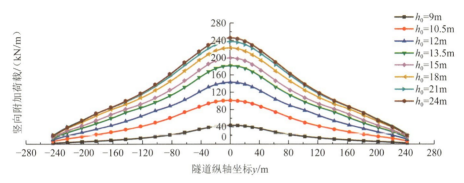

图 6.2-5 基坑深度 h_0 对隧道竖向附加荷载沿纵向分布的影响

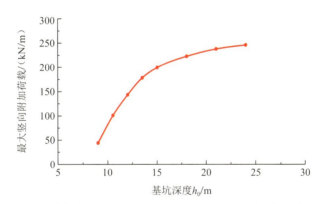

图 6.2-6 隧道最大竖向附加荷载随基坑深度 h_0 的变化

从图 6.2-5 和图 6.2-6 可以看出，①基坑深度越深，坑内承压水位需要的降深越大，坑外降承压水影响范围越广，由此引起的隧道竖向附加荷载越大。②当 $h_0 \leqslant 13.5m$ 时，即承压水降深不超过 10.5m 时，隧道竖向附加荷载随 h_0 的增大急剧线性增长，基坑深度每增加 1m，最大竖向附加荷载增大约 30kN/m；当 $h_0 > 13.5m$ 时，隧道竖向附加荷载与 h_0 的线性增长关系相对减缓，基坑深度每增加 1m，最大竖向附加荷载平均增加约 7.6kN/m。

基坑深度 h_0 和承压水降深对隧道附加荷载的影响非常大，应尽量减少邻近隧道侧基坑的开挖深度和承压水降深。

4. 最小水平净距 S 对隧道附加荷载的影响分析

选取基坑与隧道最小水平净距 S 分别为：5m、7.5m、10m、15m、17.5m、22.5m、30m、40m 和 50m，其余参数不变，研究不同工况下基坑内降承压水对隧道竖向附加荷载的影响，如图 6.2-7 和图 6.2-8 所示。

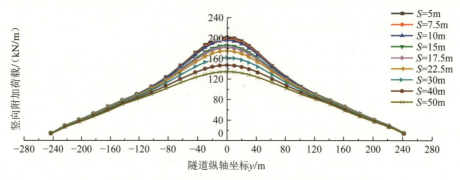

图 6.2-7 水平净距 S 对隧道竖向附加荷载沿纵向分布的影响

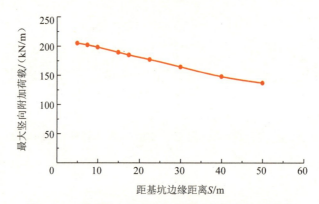

图 6.2-8 隧道最大竖向附加荷载随水平净距 S 的变化

从图 6.2-7 和图 6.2-8 可以看出，①隧道最大竖向附加荷载与最小水平净距 S 呈线性递减关系；最小水平净距 S 每增大 1m，隧道最大竖向附加荷载仅减少约 1.5kN/m，说明降承压水的影响范围非常广。②在距基坑边 100m 以外的区域，各工况的隧道竖向附加荷载数值趋于一致，基本不随水平净距 S 的变化而改变。

6.2.2 围护结构插入比对隧道附加荷载的影响分析

选取围护结构插入比 λ 分别为：0.8、1.0、1.2、1.4、1.6、1.8、2.0、3.0，其余参数不变，研究不同工况下基坑内降承压水对隧道竖向附加荷载的影响，如图 6.2-9 和图 6.2-10 所示，当 $\lambda = 3.0$ 时，围护结构进入基岩完全隔断承压水。

从图 6.2-9 和图 6.2-10 中可以看出，①当围护结构未隔断承压水时，插入比越大，坑外承压水位降深越小，由此引起的隧道竖向附加荷载越小。②当 $\lambda \leqslant 1.8$ 时，围护结构长度每增加 1m，隧道最大竖向附加荷载减小约 15.7kN/m；当 $\lambda > 1.8$ 时，隧道竖向附加荷载受围护结构长度影响相对较小；当 $\lambda = 2.0$ 时，隧道最大竖向附加荷载仍然有 131kN/m，仅比 $\lambda = 0.8$ 时减少了 40%。③当基坑围护结构完全隔断承压水时，坑内降水基本不引起坑外地下水位的变化，则邻近隧道竖向附加荷载基本为零。

因此，对于悬挂式止水帷幕，随着其长度增大，坑外隧道附加荷载快速减小，但当其长度达到一定数值后，再继续增加止水帷幕长度难以大幅度减少隧道竖向附加荷载。

李方明（2018）针对南京漫滩地区悬挂式止水帷幕的计算中，当止水帷幕嵌固深度由12m增大为32m时，坑外最大水位降深由5m减少到2.5m，仅减少了50%，这与本书的规律是基本一致的。当隧道对邻近的基坑降水非常敏感时，应优先采用止水帷幕隔断承压水。

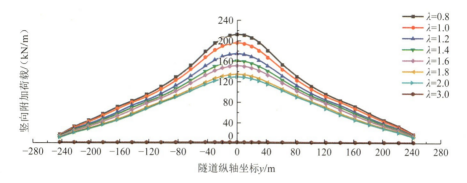

图6.2-9　插入比λ对隧道竖向附加荷载沿纵向分布的影响

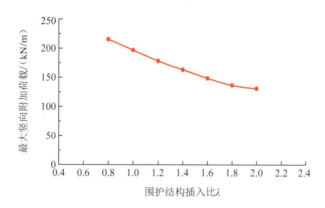

图6.2-10　隧道最大竖向附加荷载随插入比λ的变化

6.2.3　各参数对隧道竖向附加荷载的敏感性分析总结

根据上述算例的各参数影响规律分析结果，对各参数的敏感性进行比较，发现以下规律：

（1）基坑深度h_0的变化对隧道竖向附加荷载影响最大。针对本工程算例，当基坑深度不超过13.5m时，基坑深度每增加1m，隧道最大竖向附加荷载增加约30kN/m，远远超过其他因素的影响，因此，限制基坑开挖深度或采取有效措施减小承压水位降深，对于保护隧道结构的作用非常明显。

（2）当未完全隔断承压水时，围护结构插入比λ对隧道附加荷载的影响近似于基坑深度h_0；当$\lambda \leqslant 1.8$时，隧道竖向附加荷载基本随着围护结构长度的增加呈线性减小；当$\lambda > 1.8$时，围护结构长度的增加对隧道竖向附加荷载的影响减小（李方明，2018）。

（3）基坑长度L和基坑宽度W对隧道竖向附加荷载的敏感性差不多，基本与隧道竖向附加荷载呈线性正比关系，但敏感程度跟基坑深度h_0比要低很多。基坑内设置止水帷幕进行分坑降水，可有效减小对周边环境的影响。

（4）漫滩二元结构地层中，由于承压含水层厚度大、水位高，基坑内降承压水对周边环境影响范围较大，最小水平净距S对隧道竖向附加荷载的影响不显著，说明漫滩地层中基坑降承压水的影响范围非常广。

因此，当场地条件和工程规模一定时，应尽量减少邻近隧道处的基坑开挖深度h_0和承压水降深数值。当隧道对降水非常敏感时，围护结构应首先考虑隔断承压水，当承压含水层厚度过大难以隔断时，可在基坑内设置多处止水帷幕进行分坑降水，或坑外设置回灌井，以减少坑外水位降深和影响范围。

6.3 基坑群井降水引起的隧道竖向变形计算分析

6.3.1 计算方法

基于弹性地基梁的理论，将前文基于 Modflow 软件和相关公式计算得到的竖向附加荷载施加于隧道有限元计算模型上，计算隧道的竖向变形。

采用本书"5.3"的工程算例，取隧道结构的纵向长度$U = 240$m，划分的单元长度为2m，隧道所在土层的竖向基床系数k_v取为 8MPa/m，计算得到的隧道竖向变形结果见图 6.3-1。如图所示，基坑降水引起的隧道最大竖向位移为 24.8mm。

图 6.3-1 隧道竖向位移计算结果（单位：m）

基于上述参数敏感性分析，研究基坑长度L、基坑宽度W、基坑深度h_0、围护结构插入比λ、最小水平净距S等参数的变化对隧道竖向变形的影响规律。

6.3.2 基坑几何参数对隧道竖向变形的影响分析

1. 基坑长度L对隧道竖向变形的影响分析

按照工程算例中的标准工况，只改变基坑长度L，分别取为：20m、40m、60m、80m、100m、120m 和 140m，分析L变化对隧道竖向变形的影响规律，见图 6.3-2。从图中可以看出，隧道竖向位移随基坑长度L增大而增大，但增大的速率在降低，其变化规律基本同隧道竖向附加荷载的变化规律。

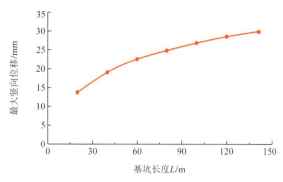

图 6.3-2　隧道最大竖向变形随基坑长度 L 的变化

2. 基坑宽度 W 对隧道竖向变形的影响分析

按照工程算例中的标准工况，只改变基坑宽度 W，分别取为：20m、30m、40m、50m 和 60m，分析 W 变化对隧道竖向变形的影响规律，见图 6.3-3。从图中可以看出，隧道竖向位移随基坑宽度 W 增大而增大，但增大的速率在降低，其变化规律基本同隧道竖向附加荷载的变化规律。

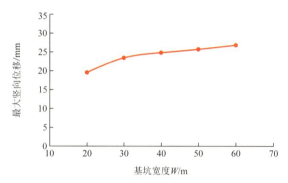

图 6.3-3　隧道最大竖向变形随基坑宽度 W 的变化

3. 基坑深度 h_0 对隧道竖向变形的影响分析

按照工程算例中的标准工况，只改变基坑深度 h_0，分别取为：9m、12m、15m、18m、21m 和 24m，分析 h_0 变化对隧道竖向变形的影响规律，见图 6.3-4。从图中可看出，隧道竖向位移随基坑深度 h_0 增大而增大；当 $h_0 < 15m$ 时，影响非常显著，其变化规律基本同隧道竖向附加荷载的变化规律。

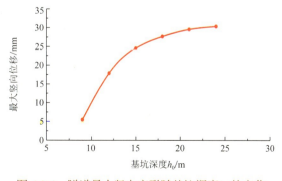

图 6.3-4　隧道最大竖向变形随基坑深度 h_0 的变化

4. 最小水平净距S对隧道竖向变形的影响分析

按照本工程算例中的标准工况，只改变基坑与邻近隧道的最小水平净距S，分别取为：5m、10m、15m、22.5m、30m、40m和50m，分析S变化对隧道竖向变形的影响规律，见图6.3-5。从图中可以看出，隧道最大竖向位移与水平净距S呈线性递减关系。

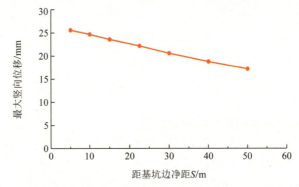

图 6.3-5　隧道最大竖向变形随最小净距S的变化

6.3.3　围护结构插入比对隧道竖向变形的影响分析

按照工程算例中的标准工况，只改变基坑围护结构插入比λ，分别取为：0.8、1.0、1.2、1.4、1.6、1.8和2.0，分析基坑围护结构插入比λ变化对隧道竖向变形的影响规律，见图6.3-6。从图中可以看出，隧道竖向位移随插入比λ增大而减小，当$\lambda \leqslant 1.8$时，两者基本呈线性关系，其变化规律基本同隧道竖向附加荷载的变化规律。

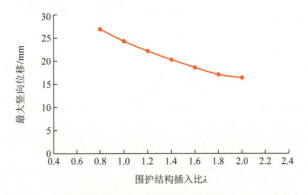

图 6.3-6　隧道最大竖向变形随围护结构插入比λ的变化

6.4　本章小结

本章通过基于Modflow降水分析软件和有效应力原理，提出了能充分考虑群井效应、围护结构对地下水绕流作用的计算方法和计算公式，然后基于弹性地基梁计算模型，给出了可考虑结构与土层非协调位移的隧道变形计算方法。主要得到以下结论：

第 6 章 漫滩地层中基坑群井降水引起的隧道变形计算

（1）基于 Modflow 软件的降水计算方法，可综合考虑各土层渗透特性、潜水和承压水特性、止水帷幕设置方案、渗流力、降水时间、坑内群井布置方案、坑外回灌井设置方案等因素。

（2）对于悬挂式止水帷幕，漫滩二元地层基坑降承压水影响范围非常广，对于本章选取的南京河西地区工程案例，坑内降承压水的影响半径约为 170m；降下部粉细砂层中的承压水，也会引起上部淤泥质土层中的潜水位发生变化；由于南京河西地区淤泥质粉质黏土层水平渗透系数远大于竖向渗透系数，水平向补给现象比较明显。由于坑外水位变化较缓，隧道处的土体有效应力增量沿纵向轴线呈抛物线分布。

（3）系统分析了采用悬挂式止水帷幕的基坑群井降水各参数的敏感性。当基坑降水面积达到一定范围后（本文案例为 $L>60\mathrm{m}$，$W>30\mathrm{m}$），基坑几何参数影响大小排序为：基坑深度 h_0（关联基坑内承压水降深）> 围护结构插入比 λ > 最小净距 S > 基坑长度 L > 基坑宽度 W。因此，当场地条件和基坑平面一定时，为尽量减少基坑降水对邻近隧道的影响，应尽量减少基坑开挖深度 h_0 和承压水降深数值，并采用止水帷幕隔断承压水；当承压含水层厚度过大难以隔断时，可在基坑内设置止水帷幕进行分坑降水，或坑外设置回灌井，以减少坑外水位降深和影响范围。

第 7 章

地铁隧道安全控制标准与病害分级

随着地铁隧道在运营期的变形增大，会带来一系列结构病害。为预防隧道结构病害的发生，限制病害的进一步发展，应通过设定一套科学合理的结构安全控制标准为地铁隧道构筑一道安全的屏障。影响隧道结构安全控制标准的因素较多，某些因素非常重要但是很难测量，例如结构内力、螺栓应力等，因此，地铁盾构隧道结构安全控制标准的选择应遵循可操作性原则，并结合地铁隧道结构的特点、现状、病害发展及运营安全要求等合理确定。

隧道结构安全状态分级是决定病害治理时机和措施的前提条件。地铁隧道变形和受力一旦超过安全控制标准，就可能发生各种病害，因此，有必要研究地铁隧道的安全状态分级和病害分级。盾构隧道是管片拼装而成，其安全状态等级和病害分级，既要关注结构整体，也要关注局部节点。

目前，学术界和工程界对地铁盾构隧道结构安全控制标准、结构安全状态和病害分级还存在一定的争议，缺乏系统准确的科学理论支撑，基本以工程经验为主，并辅以适当的模型试验和计算进行验证。因此，本章内容主要以工程经验类比和各类规范规程调研为手段进行研究。

7.1 地铁隧道结构安全控制标准

7.1.1 隧道结构安全控制项目

地铁盾构隧道（单洞单线）直径一般为 6~7m，由 6 块预制钢筋混凝土平板型管片环构成，主要有 3 个标准块（B_1、B_2、B_3），2 个邻接块（L_1、L_2）和 1 个封顶块（K）组成。封顶块、邻接块、标准块之间通过高强度环向螺栓连接，沿隧道轴线方向管片环与环之间使用纵向螺栓连接，螺栓强度等级一般不低于 5.8 级。盾构隧道衬砌构造如图 7.1-1 所示。

地铁隧道各类病害如管片裂损、渗漏水、道床脱空等都是在已经发展到一定程度后才能量测到，为了预防预控病害的发生，应该科学选取一些易测量的因素指标来预控好隧道结构的安全状态。隧道的日常安全维保工作中，可以选取的结构安全控制指标包括：位移、差异沉降、相对收敛、变形曲率半径、变形相对曲率、变形速率、结构裂缝、管片接缝张开量与管片错台、附加荷载、振动速度等。

地铁隧道结构安全控制标准应体现附加量和最大限制值，根据结构既有变形的累计情况，确定隧道未来允许的变形和受力控制标准。从第 4~6 章的理论分析结果，并结合实践经验，地铁隧道短时间内的过大变形绝大多数是由外部作业（例如基坑开挖、降水和上方大幅堆载、卸载等）所导致的，因此，应界定好每个外部作业引起的隧道附加变形和内力的允许值。单项外部作业经常根据地铁隧道不均匀变形、累计变形量（或剩余量）和变形速率这三项指标来确定变形控制指标，将静态保护标准调整到动态保护标准，考虑实际发生量和隧道结构受力变形情况，将更符合结构安全变形控制。

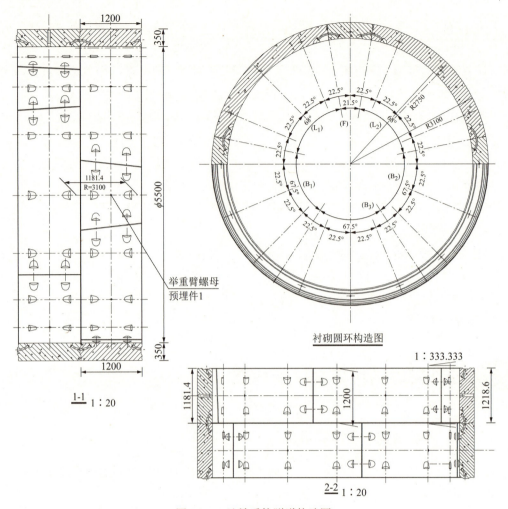

图 7.1-1 地铁盾构隧道构造图

7.1.2 隧道结构安全控制指标

地铁隧道结构安全控制可采用双指标，即控制值和安全限值。控制值体现某个外部作业导致（或某段时间）隧道结构变形的允许附加值，超出控制值则需要对隧道结构开展超出日常养护的应对措施；安全限值表示在保证结构安全条件下隧道结构累计变化量允许的最大值，超出安全限值则会影响列车的运营安全，需要限制使用，并尽快采取维修措施恢复结构功能。双指标安全控制要求对地铁隧道变形量从建设期至运营期连续测定，当不能全面掌握或者数据不准确时，指标值需要结合隧道结构本体的安全状况综合确定。

参考国家现行标准《城市轨道交通结构安全保护技术规范》CJJ/T 202、《盾构法隧道施工及验收规范》GB 50446、《城市轨道交通工程监测技术规范》GB 50911、《城市轨道交通隧道结构养护技术标准》CJJ/T 289、《城市轨道交通设施运营监测技术规范 第 3 部分：隧道》GB/T 39559.3 及相关工程经验，地铁隧道结构安全控制双指标可参考表 7.1-1。

第7章 地铁隧道安全控制标准与病害分级

地铁盾构隧道结构安全控制指标   表 7.1-1

安全控制指标		控制值	安全限值
水平位移		<10mm	—
竖向位移	上浮	<5mm	—
	沉降	<10mm	—
相对收敛		<10mm	c‰D
变形曲率半径		>15000m	>1200m
变形相对曲率		<1/2500	<1/1500
管片接缝张开量		<2mm	<6mm
接缝错台	纵缝	<5mm	<10mm
	环缝	<6mm	<15mm
结构外壁附加荷载		—	≤20kPa
管片裂缝宽度		<0.2mm	<1.0mm
振动速度		—	≤2.5cm/s

表 7.1-1 中，地铁盾构隧道的水平位移为隧道拟合中心线的偏移量；水平位移、竖向位移的安全限值不应超出变形曲率半径安全限值换算获得的位移值；相对收敛的安全限值指标c‰D，其中D为隧道外径，c为直径变化量，通缝管片c可取为12，错缝拼装c可取为9；盾构隧道的差异沉降安全控制指标可根据变形相对曲率换算得到；附加荷载包括地面超载、降水、桩基及地层加固等外部作业作用在盾构管片外壁上的附加荷载。

盾构隧道变形曲线的曲率半径指标主要反映隧道结构纵向变化的平顺情况和变形曲率的大小，变形相对曲率指标主要反映地下结构的相对弯曲程度。一般是以隧道结构内所布置的相邻三个监测点的监测数据作为数据分析依据，计算它们的差异变位量和隧道结构相邻点的弯曲曲率半径。在对隧道结构沉降观测的基础上，采用三点曲率半径计算方法，对于任意一点P_i，在计算曲率半径时该点的前一点P_{i-1}、后一点P_{i+1}纳入曲率半径计算，δ为i点相对相邻两点的差异沉降，如图 7.1-2 所示。

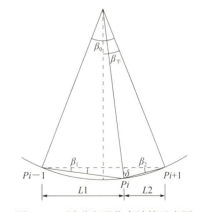

图 7.1-2 隧道变形曲率计算示意图

相对曲率半径R可表示为：

$$R = \frac{L_1 + L_2}{2 \times \sin\beta_{半}} \tag{7.1-1}$$

式中：L_1——i点与$i-1$点的水平距离；

L_2——i点与$i+1$点的水平距离；

β_0——圆弧$P_{i-1}P_iP_{i+1}$对应的圆心角，根据几何关系$\beta_0 = 2(\beta_1 + \beta_2)$，$\beta_1 = \arctan(\delta_1/$

L_1），$\beta_2 = \arctan(\delta_2/L_2)$，由于 $\beta_平 = \beta_0/2$，$\beta_平 = \beta_1 + \beta_2$，因此公式(7.1-1)还可表示为：

$$R = \frac{L_1 + L_2}{2 \times \sin\left(\arctan\dfrac{\delta_1}{L_1} + \arctan\dfrac{\delta_2}{L_2}\right)} \tag{7.1-2}$$

δ_1——P_{i-1} 点相对 P_i 的差异沉降；
δ_2——P_{i+1} 点相对 P_i 的差异沉降。

7.2 地铁隧道安全状态及病害分级

7.2.1 隧道结构安全状态分级

隧道结构安全状态分级是病害治理的主要依据。在进行结构病害治理前，有必要明确安全状态分级，为病害治理的时机和技术方案提供参考。本章研究的地铁隧道结构安全状态分级标准，主要参考现行的各类规范标准，并结合相关工程经验制定。

现行行业标准《铁路桥隧建筑物劣化评定标准 隧道》TB/T 2820.2 对隧道劣化等级进行了划分，如表 7.2-1 所示。

隧道劣化等级划分　　　　表 7.2-1

劣化等级		对结构功能和行车安全的影响	措施
A	AA（极严重）	结构功能严重劣化，危及行车安全	立即采取措施
	A1（严重）	结构功能严重劣化，进一步发展危及行车安全	尽快采取措施
B（较重）		劣化继续发展会升至 A 级	加强监视，必要时采取措施
C（中等）		影响较小	加强检查，正常维修
D（轻微）		无影响	正常保养及巡检

该规范中将隧道劣化等级分为 A、B、C、D 四级，并将 A 级分为 AA、A1 两级，同时提出了各个等级所对应的对结构功能、行车安全的影响，及所需采取的措施。

《铁路运营隧道衬砌安全等级评定暂行规定》（铁运函〔2004〕174 号）中提出隧道衬砌安全等级评定过程中应根据隧道衬砌缺陷及病害的分布情况，分段评定隧道衬砌缺陷及病害等级，其每段的长度不宜小于隧道内净空最大宽度。一座隧道衬砌的安全等级，应在分段评定的基础上，按各段中病害最严重地段的安全等级确定。将隧道衬砌的安全等级，按衬砌状态及危及行车安全的程度划分为完好（D）、轻微（C）、较严重（B）、严重（A1）、极严重（AA）五个等级。

上海市工程建设规范《盾构法隧道结构服役性能鉴定规范》DG/TJ08-2123—2013，将隧道结构服役状态等级的评定单元划分为隧道结构构件及连接、结构区段、结构整体服役状态等级划分由高到低见表 7.2-2～表 7.2-4。

第7章 地铁隧道安全控制标准与病害分级

盾构隧道结构构件及连接的服役状态等级分级标准　　　表 7.2-2

分级	服役状态	分级定义	维护措施
a	正常	性能完好	日常检查
b	退化	性能退化，但不影响正常功能	保证结构耐久性的维护
c	劣化	性能劣化，功能受损，影响正常使用	恢复功能水平的维修
d	恶化	性能恶化，适用性能受影响，但暂时不危及安全	构件修复
e	危险	性能严重恶化，危及安全	构件加固或更换

隧道结构区段的服役状态等级划分由高到低见表 7.2-3。

盾构隧道结构区段服役状态等级及分级标准　　　表 7.2-3

分级	服役状态	分级定义	图示色彩
i	正常	结构区段中的构件无安全隐患、无显著变形、无渗漏	绿色
ii	退化	结构区段中部分构件耐久性退化，个别构件变形较大或结构连接渗漏，但构件无安全隐患	蓝色
iii	劣化	结构区段中多数构件的耐久性劣化，整体变形较大或部分结构连接渗漏，但构件无安全隐患	黄色
iv	恶化	结构区段中整体变形较大或多处结构连接明显渗漏，但无安全隐患	橙色
v	危险	结构区段中构件安全性不足、结构区段变形过大或连接出现线流、漏泥砂	红色

隧道结构整体的服役状态等级划分由高到低见表 7.2-4。

盾构隧道结构整体服役状态等级及分级标准　　　表 7.2-4

分级	服役状态	分级定义	维护措施
I	正常	性能完好	日常维护
II	退化	性能退化，但不影响正常功能	日常维修
III	劣化	性能劣化，功能受损，影响正常使用	结构加固或修复
IV	恶化	性能恶化，适用性受影响，但暂时不危及安全	限制通行或局部封闭大修
V	危险	性能严重恶化，危及安全	关闭隧道或作废弃处置

现行行业标准《城市轨道交通隧道结构养护技术标准》CJJ/T 289，对隧道结构健康度评定采用单项指标法，健康度由高到低划分见表 7.2-5。

隧道结构健康度分级标准　　　表 7.2-5

健康度	评定因素			
	病害程度	病害发展趋势	病害对运营安全的影响	病害对隧道结构的安全影响
1级	无	无	无影响	无影响
2级	轻微	趋于稳定	目前尚无影响	目前尚无影响
3级	中等	较慢	将来影响运营安全	将来影响隧道结构安全
4级	较严重	较快	已经影响运营安全	已经影响隧道结构安全
5级	严重	迅速	严重影响运营安全	严重影响隧道结构安全

综合考虑以上技术标准，并结合类似工程经验，本章确定地铁盾构隧道结构安全状态评级标准及相应维护措施，具体见表7.2-6。

地铁盾构隧道结构安全状态分级 表7.2-6

分级	分级定义	维护措施
1级	性能完好	结构安全状态良好，正常检查与保养
2级	性能退化，趋于稳定，不影响运营安全	正常维护，下次的检查中重点关注
3级	性能劣化，发展较慢，将来影响运营安全	按需要实施特殊监测和保护，依据监测结果确定是否采取维修措施
4级	性能恶化，发展较快，影响但不危及安全	按需要限制使用，尽快采取维修措施，实施特殊监测
5级	性能严重恶化，发展迅速，危及安全	立即限制使用，进行维修、更换，实施特殊监测

7.2.2 隧道结构病害分级

关于地铁盾构隧道病害分级的划分，主要参考相关规范标准并结合类似工程经验。《盾构法隧道结构服役性能鉴定规范》DG/TJ 08-2123—2013对隧道结构服役状态鉴定中所采用的项目为：结构裂损、渗漏水情况、接缝张开、接缝错台、结构收敛变形、结构区段纵断面变形、构件承载能力状态等。现行行业标准《城市轨道交通隧道结构养护技术标准》CJJ/T 289，对隧道结构健康度的评定所采用的项目为：结构裂缝、结构破损、材料劣化、渗漏水、钢筋锈蚀、背后空洞、强度不足、结构变形、接缝错台以及道床病害等。

参考上述规程标准的规定，本章确定地铁盾构隧道的病害分级主要从以下6个方面划分，分别为：渗漏水、管片裂缝与破损、管片接缝错台、收敛变形及纵向不均匀沉降等，详见表7.2-7～表7.2-12。其中，盾构结构收敛变形以直径变化量作为评估特征值，结构不均匀沉降以隧道的纵向变形曲率半径作为评估特征值。

盾构隧道结构渗漏水病害分级标准 表7.2-7

分级	分级标准
1级	无；或表面有少量湿渍，无肉眼可见漏水源
2级	有渗水，无滴漏
3级	有滴水，无漏泥，滴水频率小于60滴/min，位于侧面，不影响行车安全
4级	隧底涌流、道床下沉，影响正常运行；或拱部滴漏，边墙淌水，影响正常运行
5级	涌水；或漏泥漏砂；或拱部线漏、涌流或直接传至接触网，危及行车安全

盾构隧道结构管片裂缝病害分级标准 表7.2-8

分级	分级标准（W为裂缝宽度）
1级	$W < 0.2\text{mm}$
2级	$0.2\text{mm} \leqslant W < 0.5\text{mm}$
3级	$0.5\text{mm} \leqslant W < 1.0\text{mm}$
4级	$1.0\text{mm} \leqslant W < 2.0\text{mm}$
5级	$W \geqslant 2.0\text{mm}$

第 7 章 地铁隧道安全控制标准与病害分级

盾构隧道结构管片破损病害分级标准 表 7.2-9

分级	分级标准 （S表示剥落深度，D表示剥落区直径）
1 级	保护层无剥落，无掉角掉块现象，无可见裂缝
2 级	压溃面积很小；或 $S \leqslant 5mm$；$D \leqslant 50mm$
3 级	压溃面积小于 $1m^2$；或 $5mm < S \leqslant 30mm$；或 $50mm < D \leqslant 75mm$
4 级	压溃面积 $1\sim3m^2$；或 $30mm < S \leqslant$ 衬砌厚度的 $1/4$；或 $75mm < D \leqslant 150mm$；或可能掉块
5 级	压溃面积大于 $3m^2$；或 $S >$ 衬砌厚度的 $1/4$；或 $D > 150mm$；或剥落面积超过该构件表面积的 $1/3$

盾构隧道结构管片接缝错台病害分级标准 表 7.2-10

分级	分级标准
1 级	纵缝错台 $\leqslant 5mm$；或环缝错台 $\leqslant 6mm$
2 级	$5mm <$ 纵缝错台 $\leqslant 8mm$；或 $6mm <$ 环缝错台 $\leqslant 12mm$
3 级	$8mm <$ 纵缝错台 $\leqslant 10mm$；或 $12mm <$ 环缝错台 $\leqslant 15mm$
4 级	$10mm <$ 纵缝错台 $\leqslant 12mm$；或 $15mm <$ 环缝错台 $\leqslant 18mm$
5 级	纵缝错台 $> 12mm$；或环缝错台 $> 18mm$

盾构隧道结构收敛变形病害分级标准 表 7.2-11

分级	分级标准（c为隧道收敛变形量，D为隧道直径）	
	错缝管片	通缝管片
1 级	$c < 4‰D$	$c < 5‰D$
2 级	$4‰D \leqslant c < 6‰D$	$5‰D \leqslant c < 8‰D$
3 级	$6‰D \leqslant c < 9‰D$	$8‰D \leqslant c < 12‰D$
4 级	$9‰D \leqslant c < 12‰D$	$12‰D \leqslant c < 16‰D$
5 级	$c \geqslant 12‰D$	$c \geqslant 16‰D$

盾构隧道结构纵向不均匀沉降病害分级标准 表 7.2-12

分级	分级标准（ρ为隧道纵向变形曲率半径）
1 级	$\rho \geqslant 15000m$
2 级	$8000m < \rho < 15000m$
3 级	$1200m < \rho \leqslant 8000m$
4 级	$300m < \rho \leqslant 1200m$
5 级	$\rho \leqslant 300m$

表 7.2-7 关于地铁盾构隧道渗漏水病害分级的标准主要参考了现行标准《铁路桥隧建筑物劣化评定标准 隧道》TB/T 2820.2、《铁路运营隧道衬砌安全等级评定暂行规定》（铁运函 [2004] 174 号)、《城市轨道交通设施养护维修技术规范》DB11/T 718。

表7.2-10关于盾构隧道结构管片接缝错台的分级标准，纵缝、环缝错台1、2级分界标准参照现行国家标准《盾构法隧道施工及验收规范》GB 50446中的管片拼装误差分别为5mm、6mm，即认为管片拼装误差超过了质量验收的允许值，隧道的错台病害等级就超过了1级。纵缝错台的其他分界标准参照现行行业标准《城市轨道交通隧道结构养护技术标准》CJJ/T 289。环缝3、4级的分界标准参照现行国家标准《盾构法隧道施工与验收规范》GB 50446中的成型隧道管片环向错台的验收标准，选取为15mm；环缝错台的其他分界标准根据6mm、15mm综合确定，其中2、3级的分界标准参照南京地铁病害治理实践"环缝错台变化增量≥6mm，纵缝错台变化增量≥3mm，需进行加固修复"选取为12mm。

表7.2-8～表7.2-12关于盾构隧道结构管片裂缝、管片破损、接缝错台、收敛变形和纵向不均匀沉降等病害的分级均参考了现行标准《城市轨道交通隧道结构养护技术标准》CJJ/T 289、《城市轨道交通设施运营监测技术规范 第3部分：隧道》GB/T 39559.3的相关规定，其中纵向不均匀沉降病害分级根据盾构隧道结构接缝的张开量计算确定，管片接缝张开量不仅决定了隧道的渗漏水发生程度，也直接影响到连接螺栓的受力状态。

第 8 章

地铁隧道病害治理与工程案例

第 8 章　地铁隧道病害治理与工程案例

地铁隧道病害不仅影响到结构本身的安全和耐久性，而且对轨道结构的平顺度和运营安全都会产生较大影响。隧道结构病害治理的时机，可根据地铁隧道结构的病害分级发展确定。针对常见的隧道结构病害，如不均匀沉降、收敛变形、渗漏水、管片破损、道床脱空等病害治理的方案应根据结构的病害类别与分级、建筑与设备限界、工程地质条件、场地条件、外部作业影响程度等因素综合确定。目前国内针对地铁隧道的病害治理技术还处在探索阶段，对各类病害的治理时机和措施还未形成统一的共识，治理技术和工艺也在不断改进中。

软土地区的地铁隧道病害类型较多，且各种病害叠加发展。对隧道病害进行治理，首先要分析并明确隧道病害的现状及成因，确定病害产生的主要原因。根据隧道结构的病害类型、成因及严重程度，采用"分层、分级"管理，实现隧道病害治理的规范化，及时控制隧道结构状态进一步劣化。本章依据"外控内治、动态平衡"的地铁病害治理原则，提出分级分层次的病害治理措施，并通过相关工程案例详细阐述了相关治理技术和治理工艺，以供类似工程参考。

8.1　地铁隧道病害治理技术

8.1.1　病害治理原则

基于本书对漫滩地层中地铁隧道变形各类影响因素的分析，发现工程地质特征、区域地面沉降、列车运营振动、周边工程活动和结构渗漏水这五方面因素中，对隧道病害影响最大的是工程地质条件和周边工程活动。漫滩地层中岩土体物理力学特性非常敏感，地铁周边的外部作业活动容易引起地铁隧道结构出现较大变形，产生结构渗漏水、开裂及破损、错台等病害。工程地质条件是天然存在无法改变的，因此，控制隧道结构病害的产生及发展的关键问题就是控制好周边的外部作业活动。

针对邻近有重大影响外部作业的地铁隧道结构应遵循"外控内治、动态平衡"的治理原则，采取工前预加固、过程加固或后加固等措施保护隧道结构的安全。"外控内治、动态平衡"的原则是通过加强外部作业控制，减少其引起的地铁隧道结构变形；并通过对隧道结构的加固治理，提高其抗变形能力，动态平衡外部施工的影响。外部作业实施前，通过预评估识别其对隧道结构可能造成的不利影响，视情况采取如增大外部作业净距、进行地层加固、增加围护结构刚度或分坑分区等措施，以更好控制外部作业对隧道结构的扰动；如地铁隧道结构存在一定程度的初始病害或外部作业可能产生很大的影响，应对隧道结构进行治理（内治），如隧底注浆、壁后微扰动注浆、管片槽钢拉条和钢环加固等方式，提高隧道结构的抗变形能力。结构加固可分为预加固、过程加固和后加固，预加固目的是改善既有结构的安全状态，为外部作业实施提供变形余量；过程加固根据隧道结构的监测情况启动，目的是动态平衡外部作业对地铁隧道结构的影响；后加固在外部作业完成后实施，目的是保证地铁隧道结构处于长期可控的安全状态。

地铁隧道表观病害（包括裂缝、渗漏水、错台等）及变形（包括收敛变形及纵向不均匀沉降）是漫滩地层地铁隧道结构病害的主要表现形式，并且结构变形的发展往往会加速结构损伤的发展。因此，对地铁隧道结构病害的治理可以从两个层面进行，如图 8.1-1 所示。对 2、3 级病害，采取加强维护与修复治理，即正常维护保养的同时对可能影响结构安全和运营安全的病害进行重点维护和修复。而要从根本上解决隧道结构的病害问题，则要对 4、5 级病害采取加固或其他恢复功能的治理措施。

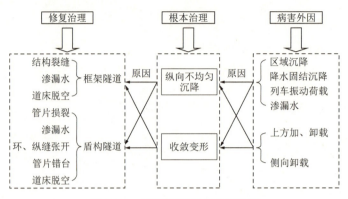

图 8.1-1 地铁隧道病害治理层次

8.1.2 病害治理措施

地铁隧道病害应分类分级治理，根据"7.2 地铁隧道安全状态及病害分级"的划分规定，对 2～3 级病害进行维护与修复，对 4～5 级病害进行重点治理，不同分级的病害采取不同的治理措施，分类分级治理方案措施可按表 8.1-1 和表 8.1-2 所示执行。

盾构隧道病害分类治理措施（一）　　　　　　　　　　　　表 8.1-1

病害类别		分类治理措施
不均匀沉降	a1	注浆抬升
	a2	基底加固
	a3	周边加卸载控制
	a4	轨道养护维修
收敛变形	b1	钢环加固或复合腔体加固
	b2	周边土体加固
	b3	上方卸载或换填轻质土
渗漏水	c1	壁后注浆
	c2	骑缝注浆配合弹性环氧封缝
	c3	嵌缝修复
管片破损	d1	钢环加固
	d2	粘贴芳纶布
	d3	植筋或挂网植筋修复
	d4	裂缝或掉块注胶修复
道床脱空	e1	道床注浆

第8章 地铁隧道病害治理与工程案例

盾构隧道病害分级治理措施（二） 表 8.1-2

病害分级指标		分级治理措施	说明
类别	安全状态等级		
不均匀沉降	5 级	a1、a2、a3、a4、e1	①应兼顾沉降绝对值，沉降速率以及变坡值。变坡按线路不设竖曲线控制为 2‰； ②不均匀沉降影响大，治理难，若 2 级病害，但变形仍持续发展宜尽早介入； ③a3、a4 类措施应根据实际情况采用。依据轨道养护标准，经常保养高低不平顺为 7mm，对应曲率半径约为 8km，因此建议 3 级以上加强 a3 类措施； ④不均匀沉降会导致道床脱空，病害治理需结合道床注浆综合处置
	4 级	a2、a3、a4、e1	
	3 级	a2、a3、e1	
	3 级	a2	
	2 级	无	
收敛变形	5 级	b1、b2	①在 b1 及 d2 类治理之前，均需配合进行 c 类渗漏水修复； ②周边基坑开挖卸载引起的收敛变形超过 3 级的，应根据病害的发展情况，配合采用 d1 类治理措施；存在裂缝的，应配合采用 d2 类治理措施； ③对于上堆土引起的收敛变形，应配合采用 b3 类上部卸载措施。b3 类换填轻质土一般不予采用，可配合改扩建或新建工程进行
	4 级	b2	
	3 级	无	
	2 级	无	
渗漏水	5 级	c1、c2	①由于盾构法结构接缝较多，因此应先采取 c1 类治理，再采取 c2 类治理，壁内外结合； ②位于拱顶的少量滴漏或渗漏可只采取 c2 类治理
	4 级	c1、c2	先进行 c2 类治理，再根据治理效果决定是否进行 c1 类治理
	3 级	c2	无
管片破损	5 级	d1、d2	①当剥离深度超 5cm、裸露主筋且破损面积大于 1000cm² 时，需进行 d1 类加固； ②在 d1、b1 类治理之前，需先进行 c 类渗漏水治理
	4 级	d2、d3	对位于两腰侧的裂损可降低一个等级
	3 级	d3、d4	①对位于拱顶的裂损采用 d2 类修复； ②对位于两腰侧的裂损采用 d3 类修复，或酌情降低一个等级
	2 级	d4	无

对于安全状态等级为 4、5 级的病害严重的地铁隧道，为控制病害的进一步发展并确保结构安全，应重点考虑微扰动注浆和管片钢环加固两种治理措施。

根据南京地铁盾构隧道病害治理的实践，微扰动注浆主要适用于收敛变形量 ≥70mm 的情况。当外部条件允许时宜优先采用隧道外地面注浆，其次采取隧道内壁后注浆。隧底注浆主要用于在隧道底部注浆以控制和减小隧道沉降的发展。当隧道与车站、区间风井或联络通道处的差异沉降量大于 10mm，并伴有漏水涌砂等不良现象，当结构沉降导致轨道差异变形大于 10mm 或当接触网导高的调整量低于 10mm 时一般要采取隧道底部注浆加固措施。

盾构隧道的收敛变形通过隧道实际内径监测与设计标准圆的对比计算变形量，当变形较大或隧道结构存在较为严重的损伤，宜采用隧道内贴钢环的工艺进行加固，以提高隧道整体受力性能和抗变形能力。根据南京地铁盾构隧道病害治理的实践，当出现下列情形时需要对隧道结构进行钢环加固：

（1）当盾构隧道收敛变形量≥80mm时，应提前做好准备钢环加固的准备；待微扰动注浆完成，且隧道结构稳定后再予以实施；当隧道收敛变形量≥100mm时，应立即采取钢环加固，并同时采取其他措施控制隧道变形的进一步发展。

（2）隧道受拉区有3条以上纵向贯通裂缝，且裂缝宽度$W≥0.3$mm；受压部位出现挤压崩块，造成2根以上主筋外露。

（3）隧道周边存在工程活动时，环缝错台变化增量≥6mm，纵缝错台变化增量≥3mm。

8.2 地铁隧道病害治理工程案例

8.2.1 工程案例一

1. 隧道病害情况

某地铁盾构隧道位于富水粉细砂层，盾构隧道埋深11~15m，管片采用错缝拼装，外径6.2m、内径5.5m、环宽1.2m，采用弯螺栓进行连接。盾构端头加固采用三轴搅拌桩水泥系加固＋两排高压旋喷桩＋外围三轴搅拌桩止水帷幕，接收采用钢套筒辅助措施。盾构机掘进完成后进行钢套筒割除时，现场发生涌水涌砂，洞外地面发生局部地面沉陷，洞内多处管片出现受损情况。根据现场检测结果发现：盾构管片局部最大沉降约20cm，管片水平收敛最大约6cm，对列车运营平顺度产生一定影响；裂缝主要位于拱顶，裂缝最大宽度约0.4mm；管片破损以环缝破损为主，且多位于纵向螺栓孔附近，管片之间出现错台；盾构管片出现湿渍及渗漏水，如图8.2-1和图8.2-2所示。

图8.2-1 管片受损及错台

图8.2-2 管片裂缝

结合现场实际情况分析，由于隧道位于富水粉细砂层，水量丰富且透水性强，隧道上方一定范围内还存在地表水补给，由于盾构隧道同步和二次注浆质量存在问题，导致地层加固体与隧道管片间隙中的注浆充填物被高水压击穿，形成涌水通砂，水土流失后造成管片发生较大沉降及收敛，从而引起管片错台、破损、裂缝、湿渍等病害发生。

2. 隧道病害治理措施

该盾构隧道发生病害后,立即进行了紧急处置,主要采用洞外加固、洞内加固及盾构管片病害治理等措施。

（1）洞外注浆加固

盾构接收后发生涌水涌砂,管片四周水土流失严重,采用两排注浆孔在盾构隧道两侧进行洞外注浆加固,洞外注浆孔布置图如图 8.2-3 所示。

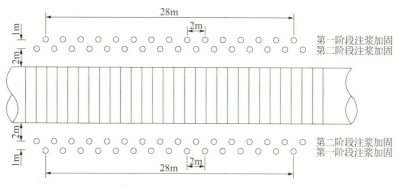

图 8.2-3　地表注浆孔平面布置图

洞外加固分两阶段进行。第一阶段：盾构隧道洞体两侧 3m 处施工第 1 排填充注浆加固,加固范围为地面至隧道底以下 3m,注浆孔纵向间距 2m,钻孔深度隧道底板以下 3m,采用 4 台注浆机对称注浆,压注双液浆。第二阶段：第一阶段施工完成 2~3d 后,在距离隧道洞体两侧 2m 处施工第 2 排填充注浆加固,加固的各种参数同第 1 排注浆加固要求,具体加固深度及范围详见图 8.2-4。

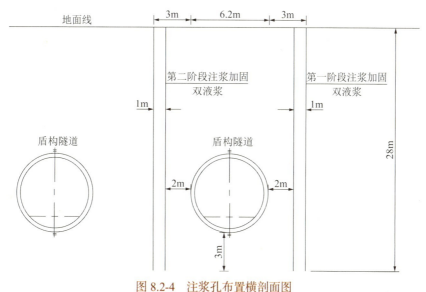

图 8.2-4　注浆孔布置横剖面图

注浆施工控制要点如下：严格控制注浆压力,不得超过控制值；注浆压力表完好并且量程不得超过 5MPa；注浆过程中出现邻近孔翻浆或者压力突然增大应立即停止注浆；钻孔及注浆过程中均要加强监测，一旦出现监测数据异常，必须立即停止施工并采取措施。

（2）洞内注浆加固

洞内进行聚氨酯堵漏及应急注浆，以控制隧道沉降及渗漏的进一步发展。加固前，先在隧道底部管片上分左右间隔取孔，取孔完成后及时注入聚氨酯。引孔注浆的流程为：孔位放样→第一阶段取孔→安装法兰和球阀→第二阶段取孔→注入聚氨酯。其中第一阶段取孔深度为 30cm，钻孔时可先使用红色油漆在钻头上作出标记，待钻孔至该标志线后，结束第一阶段钻孔；法兰及球阀安装完毕后须检查球阀的严密性，确保后期注浆安全；第二阶段取孔以钻穿管片及同步注浆层为准，最后注入按比例配制的聚氨酯浆液，直至浆液无法继续注入时，注浆结束。

对盾构管片四周进行应急注浆，在发生变形的管片区域，利用管片上原有注浆孔开孔进行水泥浆注浆（除封顶块外），注浆采用先下后上、隔环注入、间隔交替进行，经过一段时间注浆后，发生变形的管片较初始沉降量普遍抬升了 5~8cm，进一步稳定了隧道变形。

（3）管片结构修复及加固

根据管片不同的病害类型确定相应的病害修复方案。

对于存在渗漏水的衬砌环，先进行注浆堵漏。注浆堵漏时不允许在已受损的管片上钻眼打孔，应先通过回填注浆孔在管片外以低压、慢浆压注低黏度及可控制凝胶时间的聚氨酯浆液，力求沿管片壁后形成凝胶止水。此外，在管片环、纵缝内侧嵌缝槽位置埋管压注聚氨酯浆液止水。

管片裂缝宽度小于 0.2mm 时，可对裂缝处混凝土表面进行打磨，露出新鲜混凝土界面后，直接涂抹环氧胶泥覆盖。管片裂缝宽度为 0.2~0.4mm，可采用表面打磨，压入 EAA 改性环氧浆液的方式进行处理。裂缝宽度大于 0.4mm 时，可骑缝打设注浆管，通过注浆管注入弹性环氧浆液进行裂缝修补，如图 8.2-5 所示。

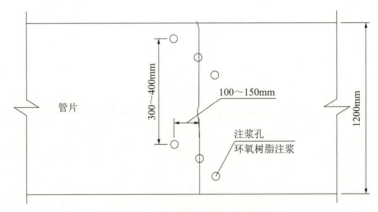

图 8.2-5　管片结构裂缝处理示意图

混凝土管片出现破损的部位，若无露筋现象，可采用堆积环氧树脂的方法进行补强。若存在露筋现象，可采用 $\phi 6$ 钢筋做成钢筋棍与管片钢筋焊接。钢筋棍以 150mm 间距在受损区域梅花形布设，方向与管片钢筋面垂直，长度不露出原管片混凝土表面，预留 10mm 保护层；然后在原管片混凝土表面内布设单层 $\phi 6@100$ 钢筋网片，与钢筋棍焊接固定，并填充环氧树脂。管片破损处理方案的示意见图 8.2-6 和图 8.2-7。

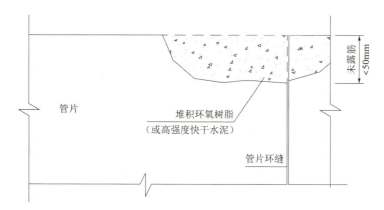

图 8.2-6　管片破损修复示意图（无露筋）

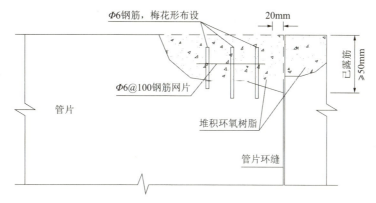

图 8.2-7　管片破损修复示意图（有露筋）

混凝土管片出现错台的部位，当管片错台 < 5cm 时，采用弹性环氧胶泥进行环、纵缝嵌缝处理，钢环安装后在钢环与管片间的空隙采用刚性环氧树脂浆液填充密实；当管片错台 ≥ 5cm 时，在进行弹性环氧胶泥嵌缝前先对嵌缝低凹部位处增设遇水膨胀橡胶条。管片错台处理方案的示意见图 8.2-8。

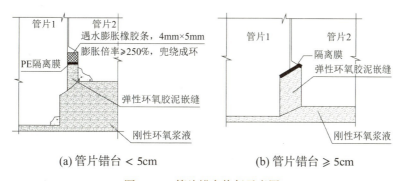

图 8.2-8　管片错台修复示意图

盾构隧道管片发生结构性受损时，应根据实际情况对衬砌环及环缝进行钢板加固，确保管片结构满足后期运营使用要求。根据实际情况可采用宽度为 800mm、600mm 或 400mm，厚度为 20mm 的钢板进行管片及骑缝加固，以加强管片抵抗变形能力。

图 8.2-9 盾构管片钢板加固

8.2.2 工程案例二

1. 隧道病害情况

某地铁盾构隧道位于软土地区，隧道穿越土层主要为淤泥质粉质黏土、粉质黏土层（局部粉土夹粉砂）。区间隧道埋深 10～22m，管片采用错缝拼装，外径 6.2m、内径 5.5m、环宽 1.2m，采用弯螺栓进行连接。盾构隧道已开通运营，地铁周边新建项目施工对盾构隧道产生了严重影响，引发了隧道结构受损等病害情况，主要病害表现为：外部作业影响范围内的隧道腰部收敛变形普遍较大；管片出现裂缝，其中一环出现 10 条裂缝；管片出现掉块、崩角等破损现象；管片渗漏水；管片环缝错台最大达到 38mm；管片背后欠密实；道床脱空、泛浆冒泥，如图 8.2-10 和图 8.2-11 所示。上述病害对地铁运营安全产生了不良影响，必须尽快进行病害治理。

图 8.2-10 管片渗漏水　　　　图 8.2-11 道床泛浆冒泥

2. 隧道病害治理措施

本隧道由于外部作业导致的结构病害严重影响到结构安全与列车运营安全，需要对不同区段和不同病害类型制定针对性的治理措施，加固及病害治理措施主要有：

1）表观病害治理，如图 8.2-12 所示。

（1）管片破损修补：若受损部位露出管片钢筋，则利用钢筋植筋＋环氧胶泥堆积的方式进行修补。

（2）管片裂缝修补：管片表面骑缝低压注浆堵漏封缝，浆液宜选择环氧树脂浆液。

（3）管片芳纶布补强：裂缝修补后对管片进行纤维织物加固。

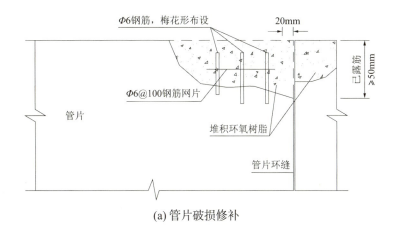

(a) 管片破损修补

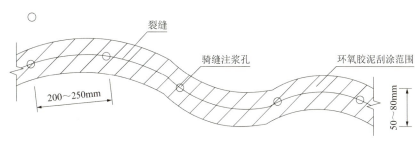

(b) 管片裂缝修补

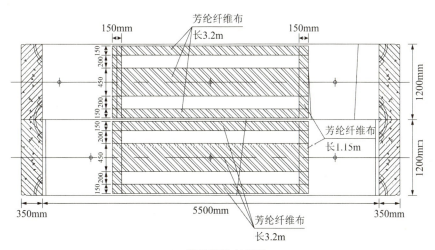

(c) 管片芳纶布补强

图 8.2-12　管片表观病害治理措施示意图

2）堵漏及填充注浆，如图 8.2-13 所示。

（1）壁后填充注浆：对管片壁后不密实部位利用预留注浆孔实施壁后填充注浆。浆液宜采用单液水泥浆，注浆压力约 0.4MPa，注浆量单孔约 $1m^3$。

（2）壁后聚氨酯堵漏注浆：对存在渗漏水的管片，利用管片预留注浆孔实施壁后堵漏治理。浆液宜采用油溶性聚氨酯，单环约 100kg。

（3）道床脱空注浆：对于道床脱空部位，在道床面打设 3 排注浆孔，进行环氧注浆充填。

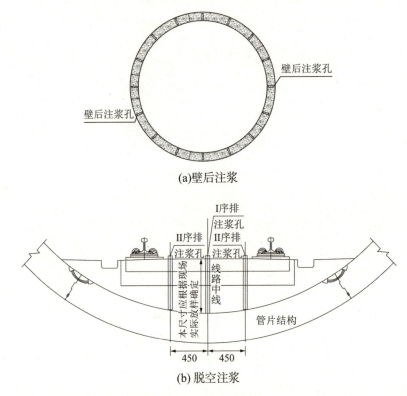

图 8.2-13 管片堵漏注浆示意图

3）错台及收敛治理

（1）隧道内微扰动注浆：针对收敛大于 7cm 的管片进行隧道内微扰动注浆加固，利用管片预留注浆孔，采用深浅结合的方法施工。注浆范围为隧道外部 90cm、60cm、30cm 深度的区域，一般对于较深处的外侧（例如 90cm）采用双液浆，对于较浅处的外侧（例如 60cm、30cm）及靠近管片外弧面采用单液浆。现场注浆压力不大于 0.4MPa，具体应根据实际监测情况确定，每环管片采用双泵进行"微扰动"注浆，微扰动注浆如图 8.2-14 所示。

隧道内微扰动注浆施工步骤为：①打开注浆管阀头，依次安装 2 寸变丝接头、2 寸球阀和防喷装置，然后安装带顶尖及阀门的注浆管，之后进行压浆，并封孔；②连接注浆管路，通过注浆管路将液浆注浆泵、流量仪、混合器与注浆管连接；③配置浆液，用自制小型拌浆系统按水灰比 0.8 拌制水泥浆；④注浆、拔管，采用双泵双液注浆方法进行注浆，缓慢连续均匀的进行；⑤拔除注浆管，按要求完成注浆，关闭球阀，单次注浆完成；⑥重复注浆，按②～⑤施工工序根据实际情况重复施工，直至达到终孔条件；⑦拆除球阀，封孔，达到终孔条件后，拆除球阀，用维丝和快干水泥进行封孔并按加闷盖，完成单孔工艺，具体工艺流程如图 8.2-15 所示。通过洞内微扰动注浆，使得管片收敛回缩达到 5～8mm，为地铁隧道结构变形稳定提供了良好保障。

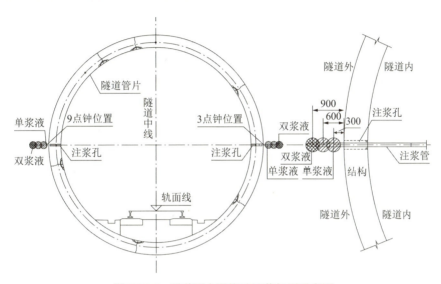

图 8.2-14 隧道洞内微扰动注浆加固示意图

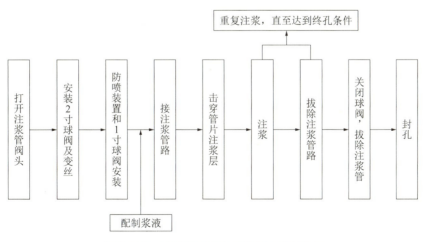

图 8.2-15 隧道洞内微扰动注浆工艺流程图

（2）钢环加固：对于管片收敛大于 8cm 的管片或是破损等表观状况严重的管片（破损面积大于 1000cm²；或裸漏结构主筋；或破损深度大于 5cm，或综合表观较差的管片）采用钢环加固；对于错台大于 3cm 的管片，进行骑缝钢环加固；在基本加固修复的基础上，首先进行管片环、纵缝嵌缝及注浆处理后再进行环内钢环加固，洞内钢环加固如图 8.2-16 所示。

图 8.2-16　隧道洞内钢环加固图

　　洞内钢环加固施工步骤为：①管片的预处理，对管片掉块处采用环氧砂浆填充，对渗漏水采用环氧堵漏，完成钢环加固管片表面的清理工作，完成手孔封堵及环纵缝处理等。②钢环加工，根据现场图纸要求及现场实际情况，确定锚栓开孔位置以及钢板上预留管片注浆孔的位置，同时为后续施工做好准备，确保施工质量。③钢环安装处理，对安装部位管片进行清理，确保管片内表面平整无凸起，同时保证安装部位干燥。首先安装隧道底部的两块钢板，钢板接头处点焊牢固，然后用倒链牵引，使装好的钢板沿管片内壁向高处滑动，然后在隧道底部依次进行其余钢板的安装，当安装至最后一块钢板时，利用丝杆将钢板与管片间隙调至设计值，用化学螺栓将钢板与背后管片固定，整环安装完成后，对每环钢环内块与块之间的带钝边 V 形焊缝进行坡口焊焊接，最终形成完整的受力结构体系。

参考文献

[1] Chai J C, Miura N. Traffic-load-induced permanent deformation of road on soft subsoil[J]. Journal of Geotechnical Engineering and Geotechnical Environmental Engineering, 2002, 128(11): 907-916.

[2] Dafalias Y F, Popov E P. A model of non-linearly hardening materials for complex loading [J]. Acta Mechanica, 1975, 21(3): 173-192.

[3] Dafalias Y F, Manzari M T. Simple plasticity sand model accounting for fabric change effects[J]. Journal of Engineering mechanics, 2004, 130(6): 622-634.

[4] De Sitter W R. Costs for Service Life Optimization: The Law of Fives, Durability of Concrete Structures, Workshop Report, Ed. Steen Rostam,18-20 May, 1984, Copenhagen, Denmark, 131-134.

[5] Gao G Y, Chen Q S, He J F, et al. Investigation of ground vibration due to trains moving on saturated multi-layered ground by 2.5D finite element method[J]. Soil Dynamics and Earthquake Engineering, 2012, 40(11): 87-98.

[6] Hu Z F, Yue Z Q, Zhou J, Tham, L G. Design and construction of a deep excavation in soft soils adjacent to the Shanghai Metro tunnels[J]. Canadian Geotechnical Journal, 2003, 40(5): 933-948.

[7] Huang H W, Gong W P, Sara Khoshnevisan, et al. Simplified procedure for finite element analysis of the longitudinal performance of shield tunnels considering spatial soil variability in longitudinal direction [J]. Computers & Geotechnics, 2015, 64: 132-145.

[8] Hulme T W, Shirlaw J N, Huang R N. Settlements during underground construction of the Singapore MRT[C]// Proceeding 10th southeast Asian Geotechnical Conference, Taipei: Special Taiwan Session, 1990, 521-526.

[9] Hyodo M, Yasuhara K, Hirao K. Prediction of clay behaviour in undrained and partially drained cyclic tests[J]. Soils and Foundations, 1992, 32(4): 117−127.

[10] Jallow A, Ou C Y, Lim A. Three-dimensional numerical study of long-term settlement induced in shield tunneling [J]. Tunneling and Underground Space Technology, 2019, 88: 221-236.

[11] Jan Nemcik, Naj Aziz, Ting Ren. Large excavations and their effect on displacement of land boundarie[J]. International Journal of Mining Science and Technology, 2012, 22(5): 633-637.

[12] Kale V S, Singhvi A K, Mishra P K, et al. Sedimentary records and luminescence chronology of Late Holocene palaeofloods in the Luni River, Thar Desert, northwest India[J]. Catena, 2000, 40(4): 337-358.

[13] Klar A, Vorster T E B, Soga K, Mair R J. Soil-pipe interaction due to tunneling: comparison between Winkler and elastic continuum solutions[J]. Geotechnique, 2005, 55(6): 461-466.

[14] Komiya K, Takiyama K, Akagi H. Settlement behavior of a shield tunnel constructed in subsiding reclaimed area[C]. Geotechnical Aspects of underground Construction in soft Ground-Proc. of the 5th International Conference of TC28 of The ISSMGE, The Netherlands: Taylor & Francis, 239, 2006.

[15] Kog, Yue Choong. Buried pipeline response to braced excavation movements[J]. Journal of Performance of Constructed Facilities, 2010, 24(3): 235-241.

[16] Li D Q, Selig E T. Cumulative plastic deformation for fine-grained subgrade soils[J]. Journal of Geotechnical

Engineering and Geotechnical Environmental Engineering, 1996, 122(12): 1006-1013.

[17] Liang R Y, Ma F. Anisotropic plasticity model for undrained cyclic behavior of clays I & II: Theory[J]. Journal of Geotechnical Engineering, 1992, 118(2): 229-265.

[18] Liu H, Li P, Liu J. Numerical investigation of underlying tunnel heave during a new tunnel construction[J]. Tunnelling & Underground Space Technology, 2011, 26(2): 276-283.

[19] Mair R J. Tunnelling and geotechnics: new horizons[J]. Geotechnique, 2008, 58(9): 695-736.

[20] Mindlin R D. Force at a point in the interior of a semi-infinite solid[J]. Physics, 7(1): 195-202.

[21] Monismith C L, Ogawa N, Freeme C R. Permanent deformation characteristics of subsoil due to repeated loading[J]. Transp. Res. Rec, 1975, 537 (5): 1-17.

[22] Nejati H R, Ahmadi M, Hashemolhosseini H. Numerical analysis of ground surface vibration induced by underground train movement[J]. Tunnelling and Underground Space Technology, 2012, 29(5): 1-9.

[23] Ng C W W, Liu G B, Li Q. Investigation of the long-term tunnel settlement mechanisms of the first metro line in Shanghai[J]. Canadian Geotechnical Journal, 2013, 50(6): 674-684.

[24] O'Reilly MP, Mair RJ, Alderman GH. Long-term settlements over tunnels: An eleven-year study at Grimsby[C] // Tunnelling 91: 61th International Symposium, 1991.

[25] Provest J H. Anisotropic undrained stress-strain behavior of clay[J]. ASCE J Geotech Eng Div, 1978, 104(8): 1075-1090.

[26] Shen S L, Wu H N, Cui Y J, et al. Long-term settlement behavior of metro tunnels in the soft deposits of Shanghai[J]. Tunneling and Underground Space Technology, 2014, 40: 309-323.

[27] Shirlaw J N. Observed and calculated pore pressures and deformations induced by an earth balance shield: discussion[J]. Canadian Geotechnical Journal, 1995, 32(1): 181-189.

[28] Shin J H. A numerical study of the effect of groundwater movement on long-term tunnel behavior[J]. Geotechnique, 2002, 52(6): 391-403.

[29] Tabbaa A A, Wood D M. An experimentally based "bubble" model for clay[C]. The 3rd International Symposium on Numerical Models in Geomechanics. Pande: Elsevier Science Publishers Ltd, p: 91-99, 1989.

[30] Takemiya H. Simulation of track–ground vibrations due to a high-speed train: the case of X-2000 at Ledsgard[J]. Journal of Sound & Vibration, 2003, 261(3): 503-526.

[31] Wongsaroj, Soga K, Mair R J. Modelling of long-term ground response to tunnelling under St James's Park, London[J]. Geotechnique, 2007, 57(1): 75-90.

[32] Wu H N, Xu Y S, Shen S L, et al. Long-term settlement behavior of ground around shield tunnel due to leakage of water in soft deposit of Shanghai[J]. Frontiers of Architecture and Civil Engineering, 2011, 5(2): 194-198.

[33] Yang Y B, Hung H H. A 2.5D finite/infinite element approach for modelling visco-elastic bodies subjected to moving loads[J]. International Journal for Numerical Methods in Engineering, 2001, 51(11): 1317-1336.

[34] Yang Z, Elgamal A, Parra E. Computational model for cyclic mobility and associated shear deformation[J]. Journal of Geotechnical and Geoenvironmental Engineering, 2003, 129(12): 1119-1127.

[35] Yoo C, Lee D. Deep excavation-induced ground surface movement characteristics—A numerical investigation[J]. Computers & Geotechnics, 2008, 35(2): 231-252.

[36] Zhang X M, Ou X F, Yang J S, Fu J Y. Deformation response of an existing tunnel to upper excavation of

foundation pit and associated dewatering[J]. International of Geomechanics, 2017, 17(4): 1-14.

[37] Zhang Y Q, Wang J H, Chen J J, et al. Numerical study on the responses of groundwater and strata to pumping and recharge in a deep confined aquifer[J]. Journal of Hydrology, 2017, 548: 342-352.

[38] Zhang Z G, Huang M S, Wang W D. Evaluation of deformation response for adjacent tunnels due to soil unloading in excavation engineering[J]. Tunnelling and Underground Space Technology, 2013, 38(3): 244-253.

[39] Zienkiewicz O C, et al. Simple model for transient soil loading in earthquake analysis[J]. International Journal for Numerical and Analytical Methods in Geomechanics, 1985, 9: 453-476.

[40] 边学成, 陈云敏, 胡婷. 基于 2.5 维有限元方法模拟高速列车产生的地基振动[J]. 中国科学: G 辑, 2008, 38(5): 600-617.

[41] 蔡来炳, 周红波. 城市轨道交通深基坑工程承压水风险与控制研究[J]. 防灾减灾工程学报, 2015, 35(5): 617-623.

[42] 曹伟伟, 李明广, 史玉金, 等. 上海软土地区深基坑降水对轨道交通基础设施的影响[J]. 工程地质学报, 2018, 26(S): 342-348.

[43] 陈德智. 广州地铁隧道运营期沉降监测及分析[J]. 都市快轨交通, 2011, 24(4): 94-98.

[44] 陈生水, 沈珠江. 复杂应力路径下无粘性土的弹塑性数值模拟[J]. 岩土工程学报, 1995, 17(2): 20-28.

[45] 陈伟. 紧邻多条地铁隧道的超深基坑承压水降水技术分析[J]. 结构工程师, 2010, 26(4): 85-90.

[46] 陈学根, 周爱兆, 王炳辉, 等. 基坑降水引起坑外建筑桩基均匀沉降的计算方法[J]. 科学技术与工程, 2019, 19(23): 199-205.

[47] 陈郁, 李永盛. 基坑开挖卸荷引起下卧隧道隆起的计算方法[J]. 地下空间与工程学报, 2005, 1(1): 91-94.

[48] 程星磊, 王建华, 李书兆. 软黏土不排水循环应力应变响应的弹塑性模拟[J]. 岩土工程学报, 2014, 36(5): 933-941.

[49] 狄宏规, 周顺华, 宫全美, 等. 软土地区地铁隧道不均匀沉降特征及分区控制[J]. 岩土工程学报, 2015, 37(S2): 74-79.

[50] 丁炜. 盾构隧道管片结构病害特征及治理策略探讨[J]. 中国市政工程, 2022(3): 96-99.

[51] 丁智, 张霄, 金杰克, 等. 基坑全过程开挖及邻近地铁隧道变形实测分析[J]. 岩土力学, 2019(S1): 415-423.

[52] 杜一鸣. 基坑开挖对临近既有隧道变形影响及保护研究[D]. 天津: 天津大学, 2016.

[53] 董飞, 房倩, 张顶立, 等. 北京地铁运营隧道病害状态分析[J]. 土木工程学报, 2017, 50(6): 104-113.

[54] 高广运, 徐大为, 张先林, 等. 地铁循环荷载作用下上海软土路基的长期沉降计算[J]. 桂林理工大学学报, 2012, 32(3): 370-374.

[55] 高广运, 李绍毅, 涂美吉, 等. 地铁循环荷载作用下交叉隧道沉降分析[J]. 岩土力学, 2015, 36(S1): 486-490.

[56] 高广运, 梁婷, 林健, 等. 地铁荷载作用下软土地基长期沉降的有限元分析[J]. 工程地质学报, 2016(S1): 889-895.

[57] 高广运, 陈娟, 梁婷. 地铁循环荷载作用下上海软土地基长期沉降计算[J]. 中国科技论文, 2018, 13(01): 6-11.

[58] 葛世平, 姚湘静. 地铁振动荷载下隧道周边土体孔隙水压力响应特征研究[J]. 工程地质学报, 2015,

23(6): 1093-1099.

[59] 葛双双, 高玮, 汪义伟, 等. 我国交通盾构隧道病害、评价及治理研究综述[J]. 土木工程学报, 2022.

[60] 龚晓南, 张杰. 承压水降压引起的上覆土层沉降分析[J]. 岩土工程学报, 2011, 33(1): 145-149.

[61] 国外高速列车译文集编委会. 国外高速列车译文集[C]. 北京: 铁道部科学研究院, 1997.

[62] 侯晓亮, 赵晓豹, 李晓昭. 南京河西地区软土次固结特性试验研究[J]. 地下空间与工程学报, 2009, 5(5): 888-892.

[63] 侯晓亮, 赵晓豹, 李晓昭, 等. 南京河西地区软土地层特征及工程特性研究[J]. 地质论评, 2011, 57(4): 600-608.

[64] 胡国新, 刘庭金, 陈俊生, 等. 基坑三维渗流对紧邻区间隧道影响的数值分析[J]. 铁道建筑, 2007, 7: 42-44.

[65] 胡海英, 张玉成, 杨光华, 等. 基坑开挖对既有地铁隧道影响的实测及数值分析[J]. 岩土工程学报, 2014, 36(S2): 431-439.

[66] 胡浩. 基坑降水对盾构隧道影响数值分析研究[J]. 中国水运, 2014, 14(6): 329-332, 335.

[67] 胡蒙达. 深基坑工程开挖土体移动的准解析解研究[D]. 上海: 同济大学, 2000.

[68] 黄宏伟, 臧小龙. 盾构隧道纵向变形性态研究分析[J]. 地下空间与工程学报, 2002, 22(3): 244-251.

[69] 黄茂松, 刘明, 柳艳华. 循环荷载下软黏土的各向异性边界面模型[J]. 水利学报, 2009, 40(2): 188-193.

[70] 黄茂松, 姚兆明. 循环荷载下饱和软黏土的累积变形显式模型[J]. 岩土工程学报, 2011, 33(3): 325-331.

[71] 黄戟, 马启昂, 詹艳云. 深基坑开挖降水对临近地铁隧道的影响[J]. 公路工程, 2018, 43(2): 145-150.

[72] 黄戡, 杨伟军, 马启昂, 等. 基于渗流应力耦合的基坑开挖受力特性及其对邻近地铁隧道的影响[J]. 中南大学学报（自然科学版）, 2019, 50(1): 204-211.

[73] 黄显贵, 陈梁, 刘御刚, 等. 基坑降水引起的地基附加应力及沉降简化计算[J]. 地下空间与工程学报, 2017, 13(3): 746-752.

[74] 黄栩, 黄宏伟, 张冬梅. 开挖卸荷引起下卧已建盾构隧道的纵向变形研究[J]. 岩土工程学报, 2012, 34(7): 1241-1249.

[75] 江苏省地质调查研究院. 南京地铁9号线一期工程地质灾害危险性评估报告[R], 2017.

[76] 江杰, 魏丽, 胡盛斌, 等. 富水深基坑降水引起的地表沉降预测[J]. 科学技术与工程, 2020, 20(20): 8356-8361.

[77] 姜兆华. 基坑开挖时临近既有隧道的力学响应规律研究[D]. 重庆: 重庆大学, 2013.

[78] 姜兆华, 张永兴. 基坑开挖对邻近隧道纵向位移影响的计算方法[J]. 土木建筑与环境工程, 2013, 35(1): 7-11.

[79] 姜洲, 高广运, 赵宏, 等. 软土地区地铁行车荷载引起的隧道长期沉降分析[J]. 岩土工程学报, 2013, 35(S2): 301-307.

[80] 姜洲, 高广运, 赵宏. 地铁行车速度对盾构隧道运营沉降的影响分析[J]. 岩土力学, 2015, 36(11): 3283-3292.

[81] 孔令荣, 崔永高, 隋海波. 基坑开挖对邻近地铁变形的影响分析[J]. 工程勘察, 2010, 6: 15-20.

[82] 李长安, 张玉芬, 袁胜元, 等. 江汉平原洪水沉积物的粒度特征及环境意义—以2005年汉江大洪水为例[J]. 第四纪研究, 2009, 29(3): 276-281.

[83] 李方明. 江漫滩复杂敏感地质条件下地铁施工对周边环境影响研究[D]. 哈尔滨: 中国地震局工程力学研究所, 2018.

[84] 李桂华, 席广永, 赵兵帅, 等. 基于多因素的软土地铁隧道运营期沉降成因研究[J]. 测绘通报, 2014(S1): 43-45.

[85] 李进军. 交通荷载作用下饱和软黏土长期沉降分析[D]. 上海: 同济大学, 2005.

[86] 李平, 杨挺, 刘汉龙, 等. 基坑开挖中既有下穿地铁隧道隆起变形分析[J]. 解放军理工大学学报（自然科学版）, 2011, 12(5): 480-485.

[87] 李文广. 临近基坑降水对运营地铁隧道纵向变形的影响研究[D]. 上海: 同济大学, 2008.

[88] 李翔宇, 李新源, 秋仁东, 等. 局部渗漏水对盾构隧道长期沉降的影响规律[J]. 东南大学学报（自然科学版）, 2016, 6(S1): 197-203.

[89] 李晓刚, 吴志明. 基坑开挖对区间隧道管片结构的受力模拟分析[J]. 公路交通科技（应用技术版）, 2020, 1: 288-290.

[90] 李英, 何忠泽, 严桂华, 等. 武汉二元结构地层基坑降水及其地面沉降研究[J]. 岩土工程学报, 2012, 34(S2): 767-772.

[91] 梁波, 罗红, 孙常新. 高速铁路振动荷载的模拟研究[J]. 铁道学报, 2006, 28(4): 89-94.

[92] 梁荣柱, 林存刚, 夏唐代, 等. 考虑隧道剪切效应的基坑开挖对临近隧道纵向变形分析[J]. 岩石力学与工程学报, 2017, 36(1): 223-233.

[93] 刘栋. 超深大基坑开挖对紧邻既有地铁隧道的影响分析[D]. 北京: 北京交通大学, 2014.

[94] 刘芳梅. 深基坑开挖对邻近地铁隧道的影响[D]. 杭州: 浙江大学, 2015.

[95] 刘国彬, 侯学渊. 软土基坑隆起变形的残余应力法[J]. 地下工程与隧道, 1996, 2: 2-7.

[96] 刘国彬, 李青, 吴宏伟. 地下水开采引起的次压缩对隧道长期沉降的影响[J]. 岩土力学, 2012, 33(12): 3729-3735.

[97] 刘汉龙, 丰土根, 高玉峰, 等. 砂土多机构边界面塑性模型及其试验验证[J]. 岩土力学, 2003, 24(5): 696-700.

[98] 刘健美. 广州南沙深厚软基段盾构隧道长期沉降计算[J]. 隧道建设(中英文), 2020, 40(S1): 146-152.

[99] 刘世凯, 徐凯燕, 刘浩, 等. 长江中下游港口建设地质环境评价[J]. 地球科学: 中国地质大学学报, 2001, 26(4): 437-440.

[100] 刘翔, 唐青春, 蒋洪涛. 南京漫滩地区岩土工程勘察探讨[J]. 岩土工程界, 2008, 11(2): 71-73.

[101] 刘雪珠, 陈国兴. 轨道交通振动下南京片状细砂的有效应力路径及破坏模式[J]. 岩土力学, 2010, 31(3): 719-726.

[102] 刘印, 张冬梅, 黄宏伟. 盾构隧道局部长期渗水对隧道变形及地表沉降的影响分析[J]. 岩土力学, 2013, 34(1): 290-298.

[103] 骆冠勇, 潘泓, 曹洪, 等. 承压水减压引起的沉降分析[J]. 岩土力学, 2004, 25(2): 196-200.

[104] 罗国煜, 李晓昭, 张春华, 等. 南京地质环境的基本特征和几个主要环境岩土工程问题[J]. 高校地质学报, 1998, 4(2): 189-197.

[105] 罗仕恒. 软土盾构施工扰动引起隧道纵向变形研究[D]. 上海: 同济大学, 2009.

[106] 马启昂. 深基坑开挖对邻近地铁隧道的影响分析[D]. 长沙: 长沙理工大学, 2018.

[107] 马学勇, 张巍, 任家涛, 等. 单圆双线地铁隧道基底粉细砂层动力响应分析[J]. 防灾减灾工程学报, 2019, 39(1): 106-116.

[108] 马征. 基坑降水对周围建筑物沉降影响的模拟与预测研究[D]. 昆明: 昆明理工大学, 2018.

[109] 毛喜云. 软土地区基坑开挖降水引起既有高铁隧道变形分析研究[J]. 天津建设科技, 2020, 30(1): 58-61, 67.

[110] 南京地下铁道有限责任公司, 南京大学, 等. 南京河西地区地下结构沉降机理与控制研究[R], 2008.

[111] 南京地铁集团有限公司, 同济大学, 等. 高压缩性软土地层地铁运营线路沉降机理及管控技术研究报告[R], 2015.

[112] 南京地铁运营有限责任公司. 南京地铁1号线垂直位移监测成果报告, 南京地铁2号线汉经段结构垂直位移监测成果报告 南京地铁2号线汉油段结构沉降监测成果报告[R], 2020.

[113] 聂浩. 基坑开挖对既有盾构隧道的影响研究[J]. 铁道勘察, 2019, 45(2): 66-71.

[114] 欧雪峰, 张学民, 刘学勤, 等. 基坑开挖与降水引起下卧隧道变形的解析计算方法[J]. 铁道学报, 2019, 41(3): 147-154.

[115] 潘凤英. 中全新世以来长江南京河段的河床变迁[J]. 南京师范大学报（自然科学版）, 1990, 13(4): 81-87.

[116] 裴行凯. 深基坑开挖对临近既有地铁隧道的纵向影响分析[J]. 水利与建筑工程学报, 2019, 17(1): 205-210.

[117] 秦前波, 方引晴. 基坑开挖及上盖荷载对下卧隧道结构的影响分析[J]. 建筑结构, 2012, 42(6): 107-111.

[118] 邵华, 黄宏伟. 上海地铁隧道沉降与地层压缩变形关系研究[J]. 现代隧道技术, 2014, 51(S1): 117-124.

[119] 沈张勇. 南京轨道交通2号线元通站—雨润大街站区间隧道治理方案[J]. 隧道与轨道交通, 2018(4): 5-9.

[120] 沈珠江. 基于有效固结应力理论的粘土土压力公式[J]. 岩土工程学报, 2000, 22(3): 353-356.

[121] 施成华, 彭立敏. 基坑开挖及降水引起的地表沉降预测[J]. 土木工程学报, 2006, 39(5): 117-121.

[122] 石尚群, 潘凤英, 缪本正. 南京市区古河道初步研究[J]. 南京师大学报(自然科学版), 1990(3): 76-81.

[123] 史玉金. 上海地铁隧道建设中工程地质条件及主要地质问题研究[J]. 工程地质学报, 2010, 18(5): 774-780.

[124] 宋赵锐, 王强, 徐岩, 等. 基坑开挖对邻近地铁区间隧道的影响分析[J]. 隧道建设, 2011, 31(S1): 214-219.

[125] 唐益群, 李珺, 刘莎, 等. 地铁行车荷载作用下淤泥质黏土累积特征的试验研究[J]. 工程地质学报, 2011, 19(4): 460-466.

[126] 童伟. 深基坑开挖对邻近既有隧道力学效应影响规律研究[D]. 成都: 西南交通大学, 2013.

[127] 王定军, 王尉行, 刘俊景, 等. 基坑开挖对下卧隧道变形影响分析及合理加固范围研究[J]. 城市轨道交通研究, 2018, 21(4): 43-47, 52.

[128] 王建华. 饱和软粘土动力特性的弹塑性数值模拟[D]. 天津: 天津大学, 1991.

[129] 汪杰, 宋瑞刚, 袁天辰, 等. 地铁列车荷载的仿真模拟[J]. 上海工程技术大学学报[J], 2011, 25(3): 213-216.

[130] 王如路. 上海轨道交通隧道结构安全性分析[J]. 地下工程与隧道, 2011, (4): 37-43.

[131] 王田友, 丁洁民, 楼梦麟. 地铁运行引起场地振动的荷载与分析方法[J]. 工程力学, 2010, 27(1): 195-201.

[132] 王涛, 施斌, 王鑫永, 等. 漫滩二元地层基坑开挖及降水引起的地表沉降预测[J]. 防灾减灾工程学报, 2020, 40(5): 50-57.

[133] 王涛, 施斌, 马龙祥, 等. 粉细砂地层对地铁列车荷载的动力响应及长期变形研究[J]. 工程地质学报, 2020, 28(6): 1411-1418.

[134] 王霆. 南京长江漫滩区基坑开挖与降水对既有地铁隧道影响的数值分析[J]. 都市快轨交通, 2016, 29(3): 81-86.

[135] 王卫东, 沈健, 翁其平, 等. 基坑工程对邻近地铁隧道影响的分析与对策[J]. 岩土工程学报, 2006, 28(S): 1340-1345.

[136] 王雁飞, 李文博, 许有俊, 等. 深基坑侧向卸荷诱发既有盾构隧道影响分析[J]. 广西大学学报（自然科学版）, 2020, 45(1): 178-187.

[137] 魏纲, 赵城丽. 基坑开挖引起临近地铁隧道的附加荷载计算方法[J]. 岩石力学与工程学报, 2016, 35(S1): 3408-3417.

[138] 魏纲, 赵城丽. 基坑开挖引起邻近既有地铁隧道位移计算的研究[J]. 现代隧道技术, 2018, 55(1): 130-138.

[139] 魏纲, 张鑫海. 基坑开挖引起下卧盾构隧道转动与错台变形计算[J]. 中南大学学报（自然科学版）, 2019, 50(9): 2273-2284.

[140] 魏新江, 张孟雅, 丁智, 等. 初始固结度影响下地铁运营引起的长期沉降预测[J]. 现代隧道技术, 2016, 53(2): 114-120.

[141] 吴灿鑫, 牟大鹏. 杭州地铁长期运营监测分析[J]. 土工基础, 2020, 34(2): 236-240.

[142] 吴怀娜, 胡蒙达, 许烨霜, 等. 管片局部渗漏水对地铁隧道长期沉降的影响规律[J]. 地下空间与工程学报, 2009, 5(S2): 1605-1611.

[143] 吴怀娜, 许烨霜, 沈水龙, 等. 软土地区基坑降水对下方越江隧道的影响[J]. 上海交通大学学报, 2012, 46(1): 53-57.

[144] 夏佳, 陈新民. 南京地区近代河漫滩淤泥质土的工程地质特性[J]. 南京建筑工程学院学报, 1991(2): 55-59.

[145] 邢葳葳, 阎长虹. 南京市地铁工程环境地质评价[J]. 工程地质学报, 2004, 12(3): 298-302.

[146] 徐干成, 谢定义. 饱和砂土循环动应力应变特性的弹塑性模拟研究[J]. 岩土工程学报, 1995, 17(2): 1-12.

[147] 徐闻达. 基坑开挖对邻近地铁隧道变形的影响研究[D]. 杭州: 浙江大学, 2018.

[148] 徐阳, 徐佳琳, 戴金, 等. 地铁列车振动荷载作用下隧道底部土层孔隙水压力及变形特性研究[J]. 隧道建设（中英文）, 2018, 38(11): 1785-1792.

[149] 徐杨青, 朱小敏. 长江中下游一级阶地地层结构特征及深基坑变形破坏模式分析[J]. 岩土工程学报, 2006, 28(S1): 1794-1798.

[150] 薛阔, 王立娜, 翟翅飞, 等. 地铁列车荷载引起隧道基底长期沉降研究[J]. 三峡大学学报（自然科学版）, 2018, 40(5): 47-51.

[151] 薛禹群, 张云, 叶淑君, 等. 我国地面沉降若干问题研究[J]. 高校地质学报, 2006, 12(2): 153-160.

[152] 姚爱军, 张剑涛, 郭海峰, 等. 地铁盾构隧道上方基坑开挖卸荷-加载影响研究[J]. 岩土力学, 2018, 39(7): 2318-2326.

[153] 姚文龙, 熊习旺, 杨果林, 等. 基于随机介质理论基坑降水引起地表沉降计算[J]. 科学技术与工程, 2020, 20(6): 2417-2420.

[154] 姚兆明, 黄茂松, 张宏博. 长期循环荷载下粉细砂的累积变形特性[J]. 同济大学学报（自然科学版）,

2011, 39(2): 204-208.

[155] 姚兆明, 张明慧, 陈军浩. 饱和软黏土循环累积孔隙水压力模型及地铁隧道路基长期沉降计算[J]. 铁道学报, 2012, 34(9): 87-92.

[156] 阎长虹, 吴焕然, 许宝田, 等. 不同成因软土工程地质特性研究——以连云港、南京、吴江、盱眙等地四种典型软土为例[J]. 地质论评, 2015, 61(3): 561-569.

[157] 闫静雅, 王如路. 上海软土地铁隧道沉降及横向收敛变形的原因分析及典型特征[J]. 自然灾害学报, 2018, 27(4): 178-188.

[158] 严三保, 陈新民, 罗国煜. 南京城西漫滩相软土承载力研究[J]. 水文地质工程地质, 2000(6): 23-25.

[159] 杨兵明. 软土地层盾构隧道长期沉降规律及预测研究[J]. 铁道工程学报, 2015, 11(6): 87-92.

[160] 杨兵明, 刘保国. 地铁列车循环荷载下软土地区盾构隧道长期沉降分析[J]. 中国铁道科学, 2016, 37(3): 61-67.

[161] 杨林松. 基坑施工引起坑周土体应力与位移场变化特征研究[D]. 上海: 同济大学, 2007.

[162] 叶俊能, 郑铣鑫, 侯艳声. 宁波轨道交通规划区域地面沉降特征分析及监测[J]. 水文地质工程地质, 2010, 37(3): 107-111.

[163] 叶耀东, 朱合华, 王如路. 软土地铁运营隧道病害现状及成因分析[J]. 地下空间与工程学报, 2007, 3(1): 157-160, 166.

[164] 银英姿, 刘斌. 深基坑开挖时邻近既有地铁隧道的监测分析[J]. 建筑技术, 2016, 47 (9): 785-787.

[165] 臧濛, 孔令伟, 曹勇. 描述循环荷载作用下黏土累积变形的改进模型[J]. 岩土力学, 2017, 38(2): 435-442.

[166] 曾二贤. 交通动荷载引起的软土地基长期沉降[D]. 杭州: 浙江大学, 2008.

[167] 张保存, 董秀竹, 郑刚. 近接基坑开挖对既有地铁结构影响的数值模拟分析[J]. 铁道标准设计, 2012 (1): 59-62.

[168] 张柏林. 软土盾构隧道局部渗漏引起的沉降计算与分析[J]. 城市轨道交通研究, 2015(8): 86-88.

[169] 张冬梅, 黄宏伟, 杨俊. 衬砌局部渗流对软土隧道地表长期沉降的影响研究[J]. 岩土工程学报, 2005, 27(12): 1430-1436.

[170] 张冬梅, 李钰. 地铁荷载引起的盾构隧道及土层长期沉降研究[J]. 防灾减灾工程学报，2015, 35(5): 563-567.

[171] 张金红, 李瑛, 刘兴旺, 等. 基于水平收敛变形的软黏土盾构隧道病害统计分析[J]. 土木工程学报, 2020, 53(S1): 124-130.

[172] 张俊峰, 王建华, 温锁林. 软土基坑引起下卧隧道隆起的非线性流变[J]. 土木建筑与环境工程, 2012, 34(3): 10-15.

[173] 张凌华, 张振克. 河漫滩沉积与环境研究进展[J]. 海洋地质与第四纪地质, 2015, 35(5): 153-163.

[174] 张涛, 常永青, 武健强. 南京河西地区地面沉降研究[J]. 城市地质, 2017, 2(12): 27-33.

[175] 张云, 薛禹群. 抽水地面沉降数学模型的研究现状与展望[J]. 中国地质灾害与防治学报, 2002, 13(2): 1-6.

[176] 张治国, 黄茂松, 王卫东. 邻近开挖对既有软土隧道的影响[J]. 岩土力学, 2009, 30(5): 1373-1379.

[177] 张治国, 张孟喜, 王卫东. 基坑开挖对临近地铁隧道影响的两阶段分析方法[J]. 岩土力学, 2011, 32(7): 2085-2092.

[178] 张治国, 徐晨, 刘明, 等. 考虑基坑降水开挖影响的运营隧道变形分析[J]. 中国矿业大学学报, 2015, 44(2): 241-248.

[179] 张治国, 白乔木, 姜蕴娟, 等. 邻近隧道及周围地层受深基坑开挖影响的现场监测研究[J]. 现代隧道技术, 2017, 54(2): 177-184.

[180] 赵春彦, 周顺华, 袁建设. 地铁荷载作用下叠交隧道长期沉降的半解析法[J]. 铁道学报, 2010, 32(4): 141-145.

[181] 赵春彦, 周顺华. 软土的循环累积变形模型研究[J]. 中南大学学报（自然科学版）, 2011, 42(12): 3844-3850.

[182] 郑刚, 刘庆晨, 邓旭, 等. 基坑开挖对下卧运营地铁既有箱体影响的实测及分析[J]. 岩土力学, 2012, 33(4): 1109-1118.

[183] 郑刚, 刘庆晨, 邓旭. 基坑开挖对下卧运营地铁隧道影响的数值分析与变形控制研究[J]. 岩土力学, 2013, 34(5): 1459-1468.

[184] 郑刚, 邓旭, 刘庆晨. 承压含水层减压降水对既有盾构隧道影响研究[J]. 岩土力学, 2015, 36(1): 178-188.

[185] 郑刚, 杜一鸣, 刁钰, 等. 基坑开挖引起邻近既有隧道变形的影响区研究[J]. 岩土工程学报, 2016, 38(4): 599-612.

[186] 郑刚, 曹剑然, 程雪松, 等. 天津第二粉土粉砂微承压含水层回灌试验研究[J]. 岩土工程学报, 2018, 40(4): 592-601.

[187] 郑军, 佘才高, 阎长虹, 等. 南京地铁运营隧道变形的工程地质机理研究[J]. 工程地质学报, 2017, 25(1): 199-208.

[188] 郑永来, 李美利, 王明洋, 等. 软土隧道渗漏对隧道及地面沉降影响研究[J]. 岩土工程学报, 2005, 27(2): 243-247.

[189] 周捡平, 陈页开, 匡月青, 等. 地铁列车移动荷载作用下饱和软黏土地基动力响应及长期累积变形[J]. 科学技术与工程, 2018, 18(22): 137-143.

[190] 周杰, 周文, 陈柏全. 不规则基坑开挖导致紧邻地铁隧道附加应力的计算[J]. 重庆交通大学学报（自然科学版）, 2017, 36(9): 17-21.

[191] 周念清, 唐益群, 王建秀, 等. 饱和粘性土体中孔隙水压力对地铁振动荷载响应特征分析[J]. 岩土工程学报, 2006, 28(12): 2149-2152.

[192] 周泽林, 陈寿根, 陈亮, 等. 基坑施工对下卧地铁隧道上抬变形影响的简化理论分析[J]. 岩土工程学报, 2015, 37(12): 2221-2234.

[193] 朱邦彦, 姚冯宇, 孙静雯, 等. 利用 InSAR 与地质数据综合分析南京河西地面沉降的演化特征和成因[J]. 武汉大学学报（信息科学版）, 2020, 45(3): 442-450.

[194] 朱建峰, 宫全美. 软土地层盾构隧道长期沉降离心试验研究[J]. 现代隧道技术, 2019, 56(4): 49-55.

[195] 庄海洋, 陈国兴, 朱定华. 土动力粘塑性记忆型嵌套面本构模型及其验证[J]. 岩土工程学报, 2006, 28(10): 1267-1272.

[196] 庄海洋, 陈磊, 沈礼伟, 等. 列车振动荷载作用下南京细砂振动累积变形特性试验研究[J]. 工程地质学报, 2014, 22(6): 1294-1300.

[197] 左殿军, 史林, 李铭铭, 等. 深基坑开挖对邻近地铁隧道影响数值计算分析[J]. 岩土工程学报, 2014, 36(S2): 391-395.

[198] 邹家南, 杨小平, 刘庭金. 邻近地铁盾构隧道的深基坑支护分析[J]. 铁道建筑, 2013 (9): 63-67.